国家出版基金项目

0~6岁残疾儿童
沟通能力康复训练
手 册

香港复康会

多重残疾儿童

DUOCHONG CANJI ER TONG

沟通能力康复训练手册

GOUTONG NENGLI KANGFU XUNLIAN SHOUCE

世界卫生组织（WHO）康复协作中心 著
香港复康会，中山大学出版社本丛书项目组 编译

中山大學出版社
SUN YAT-SEN UNIVERSITY PRESS
·广州·

图书在版编目（CIP）数据

多重残疾儿童沟通能力康复训练手册/世界卫生组织（WHO）康复协作中心著；香港复康会，中山大学出版社本丛书项目组编译．—广州：中山大学出版社，2015.3

（0～6岁残疾儿童沟通能力康复训练手册）

ISBN 978-7-306-05187-5

Ⅰ．①多…　Ⅱ．①世…　②香…　③中…　Ⅲ．①残疾人—儿童—语言障碍—教育康复—手册　Ⅳ．①G76-62

中国版本图书馆CIP数据核字（2015）第024690号

出 版 人：徐　劲
策划编辑：葛　洪　熊锡源
责任编辑：葛　洪　熊锡源
封面设计：邓传志
责任校对：陈　霞
责任技编：黄少伟
出版发行：中山大学出版社
电　　话：编辑部 020-84110283，84111996，84111997，84113349
　　　　　发行部 020-84111998，84111981，84111160
地　　址：广州市新港西路135号
邮　　编：510275　　　　　传　真：020-84036565
网　　址：http://www.zsup.com.cn　　E-mail:zdcbs@mail.sysu.edu.cn
印 刷 者：广州市怡升印刷有限公司
规　　格：787mm×1092mm　1/16　12.75印张　220千字
版次印次：2015年3月第1版　2015年3月第1次印刷
定　　价：27.00元

摘　要

这套手册主要是给为沟通困难的孩子及家长提供服务的中层康复工作人员而撰写的，但相信亦适合医疗及教育工作者。

手册内容包括沟通的基本资料，如正常发育及早期的识别；此外，亦有全面阐述评估及展示如何厘定目标的章节。接下来的章节详细地解释了5类常见沟通困难的成因，分别为智力障碍、脑瘫、听力损伤、多重残疾及其他特殊的情况。以上每个章节包含评估的例子及目标的厘定，还有给家长及工作人员的意见及教学提议。

此外，还有详细地解释游戏重要性的章节，亦有提供在日常生活情景中增进沟通技巧的内容。最后的章节分别讲述如何进行小组活动及与教育联合。

出版此套手册的目的是希望能为康复工作人员提供可参考及实用的资料，提高他们的服务水准，从而改善孩子的生活素质。

前 言

以下之内容摘自原著 Dr. Enrico Pupiln（Rehabilitation Unit，WHO）的序及 Dr. Timothy Stamps（Minister of Health，Zimbabwe）的前言。

此套手册在津巴布韦的医疗部门支持下，由工作于当地的两位言语治疗师 Helen House 及 Jenny Morris 撰写。世界卫生组织安排专家对资料进行审阅，务求令内容达至国际水准。参与审阅的专家包括瑞典 Handicap Institute 的 Ms M. Lundman；University of Manchester 的 Ms J Warner，Ms J Marshall；World Federation for the Deaf 的 Ms Liise Kauppinen；International Federation of Hard of Hearing 的 Dr. Mark Ross；前世界卫生组织复康组人员 Dr. Ann Goerdt。此手册由世界卫生组织及联合国儿童基金共同制作及派发，并且得到 Swedish International Development Cooperation 的支持。

津巴布韦医疗部门 Dr. Timothy Stamps 之补充：

津巴布韦于 1989 年进行了一次全国性残疾人口普查，结果显示，超过 50% 的残疾儿童有沟通困难。然而，在此方面的康复服务发展非常匮乏。沟通困难是常被人误解的残疾现象，故在世界各地往往被人所忽略。有关沟通的训练是近年才被重视起来的。

此套手册由两位于津巴布韦工作的合资格言语治疗师撰写，内容建基于他们过往 4 年于 Children's Rehabilitation Unit of Harare Hospital 培训复康技师及在城市及乡村地区与残疾孩子及家长工作的经验。我们希望其他国家的康复工作人员能得到此套手册，并且从中获益。

作者自述

此套手册内容建基于过往数年于津巴布韦的工作经验，出版之目的是希望在协助有沟通困难的孩子的工作上提供实用的指引。

手册内容强调，最佳训练有沟通困难的孩子的时机是当孩子的年龄在6岁以下时。所有愿意协助有沟通困难的孩子的人均有能力帮助该孩子。对孩子来说，最重要的是家人的帮助及社区的支持，但医疗及教育部门人员的理解亦是相当关键的。此套手册的目的是就以下范畴提供建议：

■改善孩子的沟通技巧；

■多方面的沟通方法；

■协助父母替孩子发展沟通技巧；

■联系其他参与协助有沟通困难的孩子的人员。

我们的最终目标是改善孩子的生活质素。

沟通是人类的基本需要。

通过沟通我们可以表达自己，包括我们的信念、我们的想法及我们的意见。每一个人的沟通方法都是不同的。通过沟通，我们能与他人建立友谊与关系，并且成为有价值的社交个体。

序 言

2006年联合国大会通过和发布了《残疾人权利公约》。该公约明确地提出了残疾儿童“适应性训练”（habilitation）的概念，倡导要协助由于先天残疾或在儿童早期获得的残疾而致功能障碍的残疾儿童得到适应性训练的服务，以改善其功能，其中也包括残疾儿童语言沟通能力的康复训练。

沟通能力包括口头语言交流沟通的能力、姿势和表情语言交流沟通的能力，以及利用辅助器具和手段进行交流沟通的能力。

对语言沟通能力障碍的儿童及早进行康复训练极其重要，理由如下：

- 沟通能力的发育从一出生后便开始了，而出生后头几年，正是沟通和语言能力发展最快的时期，在此期间进行积极而有效的语言沟通能力的训练，能取得较好的效果。

- 儿童语言沟通能力和水平，对儿童心理精神状态的发展、学习能力和职业技能的培养、家庭和人际关系的培育，以及个人独立生活和融入社会，都有着极其重要的影响，因此，抓紧残疾儿童语言沟通能力的训练，是促进他们日后全面发展的一个策略。

正因如此，国内外康复界和教育界都很重视推广普及有关残疾儿童语言沟通能力的康复训练。由世界卫生组织（WHO）康复协作中心著、香港复康会以及中山大学出版社联合编译的这套“0～6岁残疾儿童沟通能力康复训练手册”，肯定将会对国内残疾儿童沟通能力的康复训练提供巨大的推力和助力。

这套丛书的内容和编排方式有以下几个特点：

- 重视阐述清楚残疾儿童沟通能力康复训练在原理上和方法上的共性和特性。在共性方面，讲清沟通的基本概念、沟通能力的正常发展、对沟通困难的早期识别、日常生活中沟通技能的培养；在特性上，根据造成沟通困难原因的不同，其障碍表现和康复训练方法也有其差异之处，本丛书分别对几个不同的病因，即“脑瘫”“智力障碍”“言语特殊困难”“听力损伤”“多重残疾”等引起的沟通能力障碍，分册介绍其障碍表现的不同特点，以及训练上不同的方法。

- 以社区康复服务为背景，具体介绍在社区和家庭用得上、简便易行、效果确实的残疾儿童语言沟通能力训练方法，充分利用社区环境促进康复。

- 照顾到中国的社情、民情、文化背景，本丛书在编译时，于适当的场合下，对一些案例的描述，注意到尽量贴近中国本土的情况，使读者感到更为亲切并便于理解。

作为一套有关残疾儿童康复理论与方法的实操性读物，本丛书适合于康复界（尤其残疾儿童康复界）人士、特殊教育教师、有关家长、保育人士以及社区康复工作者参阅使用。我衷心祝贺本丛书成功地出版发行，并造福于有沟通能力困难的残疾儿童和他们的家长。

中山大学附属第一医院康复医学教授

（世界卫生组织康复协作中心主任）

卓大宏

2014 年 12 月 22 日

目　录

第1章　什么叫多重残疾

【家长感言】

当我和小凯出去时，人们总是看着我们并嘲笑我们。许多人说因为小凯很脏所以才会生病。当我听说小凯有残疾时，我感到痛苦极了。我也因为人们对我们的反应而常常哭泣，我真的不知道谁能帮我们。但是后来，我决定改变自己的态度，我告诉自己，我必须要爱我的孩子并照顾他。我开始让小凯保持干净，给他穿漂亮的衣服，这样，别人会觉得他看起来很可爱，而不会去注意他的残疾。现在，别人都赞赏他的衣服和他看起来的样子，这使我感到很高兴！

——小凯的妈妈

照顾小平不是一件容易的事。虽然我为他辛苦了很多年，但我对他的爱却越来越强烈。我不知道小平可以看到、听到或理解多少，若没有支撑他也不能坐。我必须给他洗澡、穿衣服、喂饭，照顾大小便。即使这样，我对他的爱还是在不断地增加，也正因为如此，我才能日复一日地坚持下来。

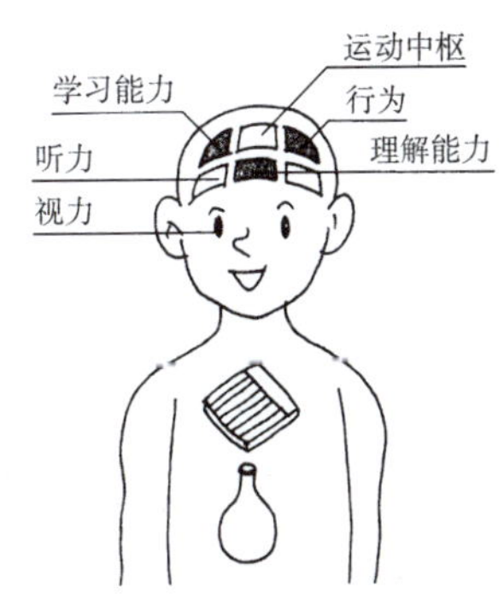

图1－1　多重残疾的构成

我认为不应该把残疾孩子送进社会机构里去，而是要帮助孩子的家人在家里照顾和关爱他们的孩子。对于残疾的孩子，家长应该表现出更多的爱。

另外，因为孩子的改变可能会很慢，所以家长要有耐心。他们应该不断地和孩子交谈，这样，孩子才能熟悉他们的声音。总之，残疾孩子的家长永远都不要失去希望。

——小平的妈妈

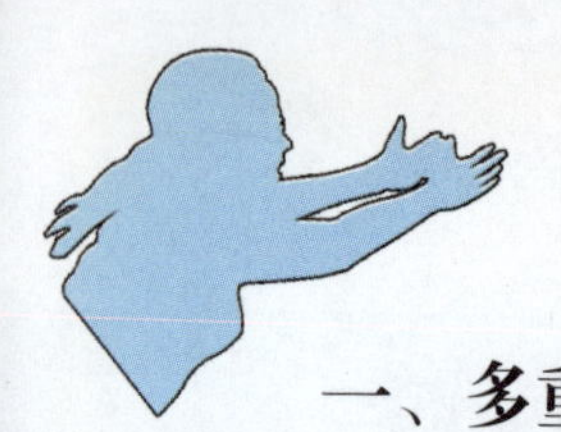

一、多重残疾的含义

若孩子有几种不同的残疾，我们就说他是多重残疾。例如，一个孩子可能同时患有学习、运动控制、听力与视力方面的困难。

在许多不同方面都有困难的孩子，通常是严重的残疾。

二、对多重残疾儿童必须抱以现实的期待

因为这些孩子是多重残疾，所以我们对他们的期待，以及对他们如何达到那些期待，都应与那些有其他残疾的孩子不同。因此，我们帮助他们的方法也会不同。

多重残疾的孩子应该在尽可能早的年龄得到帮助，这样才能帮助他发挥潜能；即使如此，个别残疾孩子的情况也可能恶化。由于多重残疾的孩子在各方面都有困难，所以他们的进步会很慢。因此，我们对他们要有耐心，并且要制订实际的、小步的和可行的目标。

我们对这些孩子要有切实的期待，并帮助他们的家长建立切实的期待，这很重要。通常，我们都不知道多重残疾的孩子的理解程度，不清楚他们尝试沟通的方式，也可能会注意不到他们的沟通。由于这些原因，我们可能会把没有智力障碍的孩子误认为有智障。因此，我们需要尽力评估孩子的理解能力和表达能力，以确保没有给他贴上错误的标签。

多重残疾孩子的家长可能不容易被他们自己的家庭和社会所接受。我们需要找到方法去支持这些家长，并减少他们被孤立的感觉。

如果孩子有许多不同的残疾，我们需要从家长那里了解到他们认为孩子主要的困难是什么，然后尽力在这个方面帮助他们。

“切实的期待”是指对孩子不能要求得太高，但也不能要求得太低。我们对每个孩子的期待应该建立在他能做什么的基础上。如果我们对孩子的期待过高，他可能会失败，而家长、孩子和我们自己也会感到失望。但是，如果我们的期待过低，孩子可能也不会学到什么。因此，我们需要尽量把目标计划制订成小步的，简单的，且预计孩子可以达到的——这样，我们的期待才算是积极和切实的。

多重残疾的孩子应该能够——

- 用基本的方法表达他的需要。
- 明白日常生活情景。
- 通过别人的手势预料将要发生的事情。
- 配合洗澡、穿衣服、吃饭。

所以你看，期待多重残疾的孩子能说话、行走、自理及上学通常是不切实际的。但是请记住，即使那样，我们还是有许多的事情可以帮助孩子去做。

三、为多重残疾儿童制订目标

我们对多重残疾孩子的目标是什么？

我们的目标是：

- 让孩子发展良好的体位和动作模式，以此防止他的身体残疾恶化。
- 建立基本的沟通。
- 使父母对孩子日复一日的照顾更容易，更有乐趣。

注意，在这个手册里，我们主要帮助的是孩子沟通方面的问题。

四、关于多重残疾的问与答

（1）我的孩子有多重残疾，是我的过错吗？

不是。你们的孩子有多重残疾，不是你或你丈夫的过错，也跟恶魔没有关系。全世界很多地方的孩子都有多重残疾，并且都有医学原因解释孩子为何会有多重残疾。

（2）我孩子的残疾可以治愈吗？

目前不能被治愈。如果有任何的药物或手术能帮助你的孩子，那你的医生早就告诉你了。与其设法寻找治疗方法，倒不如接受事实，并帮助孩子去适应生活。

（3）我孩子的残疾传染吗？

不，孩子的残疾不传染，它不会从一个人传给另一个人。所以你可以鼓励人们自由地和你的孩子交往。

（4）谁可以帮助我们的孩子？

当地的康复工作者可以给你们如何帮助孩子的建议。但是——在家人和社会的支持下，最能帮助孩子的人是你们自己。作为父母，你们是最重要的人。

(5) 我的孩子将来会照顾自己吗?

大多数多重残疾的孩子不能自理。他们有肌肉运动和学习的困难，还有其他方面的残疾，这意味着他们在洗漱、穿衣服和吃饭方面总是需要别人的帮助。

(6) 我的孩子能学习吗?

每个多重残疾的孩子都是不同的，但是他们大多数在学习方面都有严重的困难，并且可能永远都学不到其他孩子所拥有的技能。我们需要找出孩子能做什么，并以此作为基础来帮助他学习。比起其他的孩子来说，他们的学习会更加缓慢。

(7) 我的孩子究竟能说话吗?

不能。你的孩子可能学不了说话。但是他可以学习用其他的方法来沟通，例如，通过声音、动作和面部表情来沟通。多重残疾的孩子需要许多的帮助和关心来学习沟通，并且我们也需要调整我们的沟通方式来帮助他们。

(8) 像我孩子这样的，能上学吗?

虽然也有这样的孩子上过学，但入学的机会也很小。

这是一些人们常提的问题。可能你会有更多的问题——不要担心自己问得太多，或是想要了解更多关于多重残疾的知识。

五、多重残疾儿童的求医问题

就像我们说过的，多重残疾的孩子是不能被治愈的。除非孩子有相关的医疗问题，否则医生通常不能帮助多重残疾的孩子。

多重残疾孩子在发生痉挛时，常有的相关医学问题是癫痫和昏迷。为了控制住癫痫，这些孩子必须接受医疗帮助。

因为多重残疾孩子的活动和体位都存在困难，并且在呼吸和咳嗽的时候使用肌肉都可能会发生呼吸困难，则应该请医生尽早治疗。

多重残疾的孩子通常吃饭会有困难，要发展良好的进食模式可能会较缓慢。这意味着他们可能无法摄入充足的食物，且可能营养不良。任何营养不

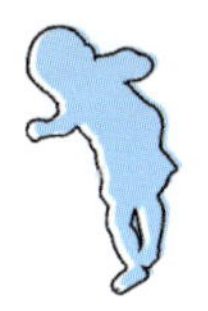

良的孩子都应该被送到诊所或医院诊治。

有时候，外科手术可以用来矫正一些多重残疾孩子的严重挛缩。但是在做这种手术之前需要慎重考虑，并寻求专家的建议。

如果多重残疾的孩子有视觉困难，医生可以建议是否应该测试孩子的视力，他也知道能做些什么来改善孩子的视力。

如果多重残疾孩子有听觉困难，医生可以建议是否应该测试孩子的听力，

他也可以把孩子介绍给其他专家，看看能做些什么来帮助孩子的听力。

所以记住：医生不能治疗多重残疾的孩子；但是孩子一旦出现了任何的医疗问题，就应该寻求他们的帮助。

本书将试图帮助多重残疾儿童尽可能地获得沟通能力。我们会先介绍沟通的有关知识，然后介绍给多重残疾儿童沟通能力做出评估的方法，并为其制订一定的康复目标。随后，本书会介绍各种发展孩子沟通能力的活动，通过玩游戏、制作玩具、参加互助家庭小组并获得教育机构的帮助，使多重残疾儿童沟通能力得到提高。

第 2 章　沟通技巧概述

第 1 节　什么是沟通

一、沟通的基本概念

1. 沟通的概念

沟通是指人与人之间互相发送（表达）和接收（理解）信息。这个定义意味着：首先，沟通必须包括两个或更多的人，一个人无法沟通。其次，沟通活动需要用一定的媒介（主要的媒介是语言），传递（发送和接收）有意义的信息。

这些信息的表达方式（或者说媒介），主要有三大类：语言、副语言以及其他符号。

语言包括口语和书面语，也就是说、写和读出来的话。

副语言指与话语同时或单独使用的手势、身势、面部表情、对话时的位置和距离等，是我们通过声音的声调、面部表情和身体姿势等发送的信息，主要包括表情、动作、服饰。也叫肢体语言。

除语言和副语言，人们还使用其他符号表示意义，如红绿灯、图片。

2. 我们为什么需要沟通

通过沟通我们可以表达自己的需要、感觉和想法。我们接收和发送信息，用这个方法来建立自己的特质和每个人的个性。

沟通能够使我们可以控制那些发生在我们身上的事情。

有效地沟通是建立人际关系及融入人群的重要步骤。

3. 沟通从何时开始

当孩子在出生后发出第一声哭泣、母亲做出反应时，沟通就开始了。所

以，沟通在孩子说出第一个词之前的很长一段时间便早已开始了。

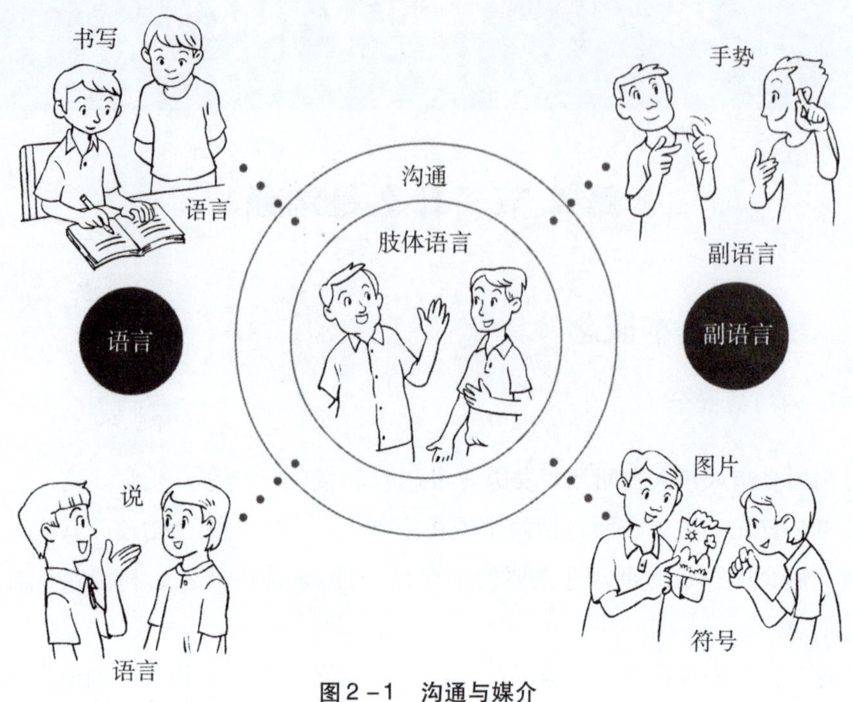

图2－1　沟通与媒介

4. 沟通有哪些步骤

许多人认为沟通是一个简单的过程。我们很难对此多加考虑，因为对许多人来说，沟通很容易就发生了。

但是，如果我们真正地思考沟通到底包括了什么，就会惊讶地发现原来沟通的过程是很复杂的。沟通包含了如下步骤：

（1）听到或看到信息；

（2）记录听到或看到的信息；

（3）认识看到或听到的信息；

（4）理解信息的意思；

（5）决定做出反应；

（6）决定做出什么反应；

（7）选择信息的媒介——语言、副语言、符号；

（8）确定符号的顺序；

（9）发送信息，检验并纠正信息。

以上步骤可以简化为：感知信息—理解信息—做出反馈—反馈信息检验。

二、沟通循环

从接受信息到给予答复所涉及的各个步骤重复进行，就构成了沟通循环。沟通循环的过程可以图解如下：

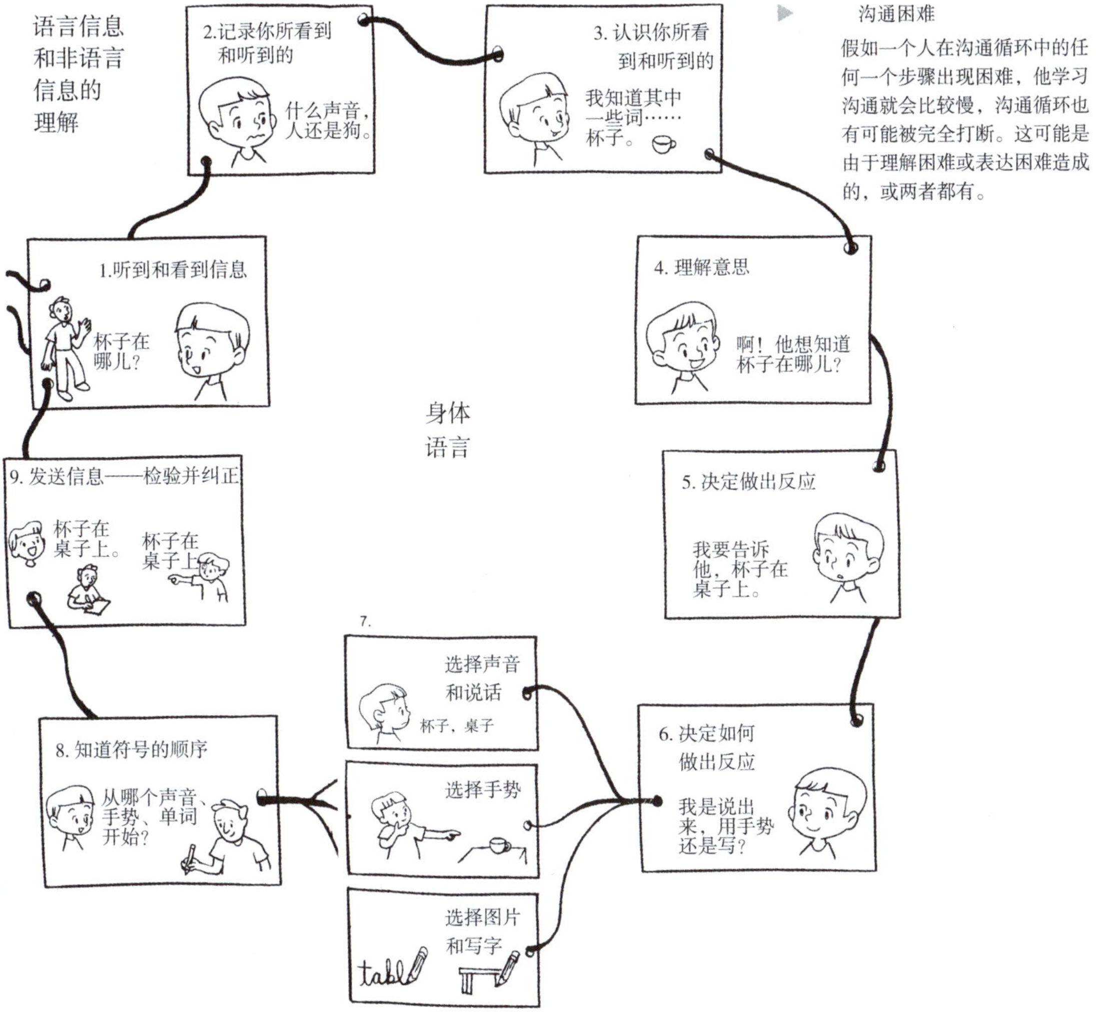

语言信息和非语言信息的理解

2.记录你所看到和听到的
什么声音，人还是狗。

3. 认识你所看到和听到的
我知道其中一些词……杯子。

沟通困难
假如一个人在沟通循环中的任何一个步骤出现困难，他学习沟通就会比较慢，沟通循环也有可能被完全打断。这可能是由于理解困难或表达困难造成的，或两者都有。

1.听到和看到信息
杯子在哪儿？

4. 理解意思
啊！他想知道杯子在哪儿？

身体语言

9. 发送信息——检验并纠正
杯子在桌子上。
杯子在桌子上。

5. 决定做出反应
我要告诉他，杯子在桌子上。

7.
选择声音和说话
杯子，桌子
选择手势
选择图片和写字
table

8. 知道符号的顺序
从哪个声音、手势、单词开始？

6. 决定如何做出反应
我是说出来，用手势还是写？

图 2－2　沟通循环

在上面的沟通循环中的任何一个步骤出现困难，孩子在学习沟通方面就会比较慢，沟通循环就可能被完全打断。这就构成沟通困难。

沟通困难可能是因为理解困难或表达困难造成的，也可能是因为同时具有理解困难和表达困难。

三、信息媒介

沟通循环需要信息媒介，这些媒介可以把一些符号放在一起来组成其他人能够理解的、有意义的信息。而如前所说，信息媒介包括语言（单词——写的或说的）、副语言（手势、身体姿势）和其他符号（比如图片）三种。

信息媒介需要理解（沟通循环的第1—4步）和表达（第5—9步）。在沟通时，我们通过信息媒介把头脑里的信息向其他人表达出来。

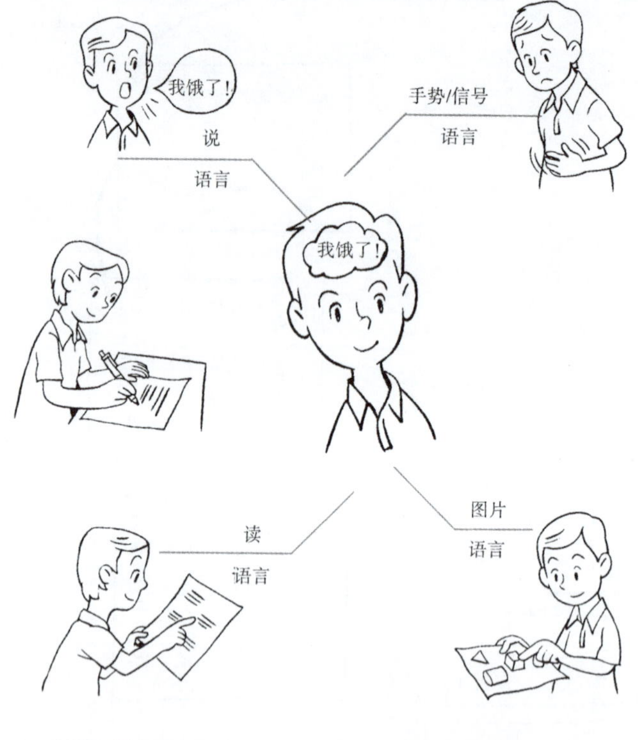

我们在沟通时会联合使用所有这些语言的不同类型，但是我们通常采用一种语言方式。而口语沟通是其中最常被采用的一种，因为使用口语的效率比较高。其他的语言类型起补充的作用。然而，不是所有人都能学会使用口头语言，所以，我们必须记住，所有类型的语言都可以用来进行有效的沟通。

图2－3　信息媒价

1. 使用信息媒介表达

我们在沟通时会联合使用所有的信息媒介，但是我们通常采用一种媒介方式。语言沟通是其中最常被采用的一种，因为使用语言的效率比较高。其他的媒介类型起补充的作用。

然而，不是所有人都能学会使用语言的，所以，我们必须记住，所有类型的媒介都可以用来进行有效的沟通。

2. 不同信息媒介所需要的工具

要使用各种不同的信息媒介，我们需要某些“工具”。

口语沟通需要使用嘴唇、舌头、硬腭、喉和肺。

书面语沟通（写/读）需要使用视觉和手控能力。

手势/身势语除了使用整个身体外，还需要有胳膊和手的控制能力。

用图片沟通，需要使用视觉和手控能力。

但是，记住——单有这些工具对信息沟通来说是不够的——我们需要的最重要的工具是理解能力和学习能力。

3. 语言

图 2－4　言语

我总是认为言语和语言是同一回事，但是我后来发现它们其实是不同的。想知道为什么，请继续看……

言语是声音的产物，把这些声音按顺序放在一起就成了一个词。

沟通循环的第 9 步提到了言语。

口头语言是把一些词按一定的顺序放在一起而组成一个有意思的句子。

言语是口头语言所借助的工具。

口头语言在沟通循环的第 9 步提到了。

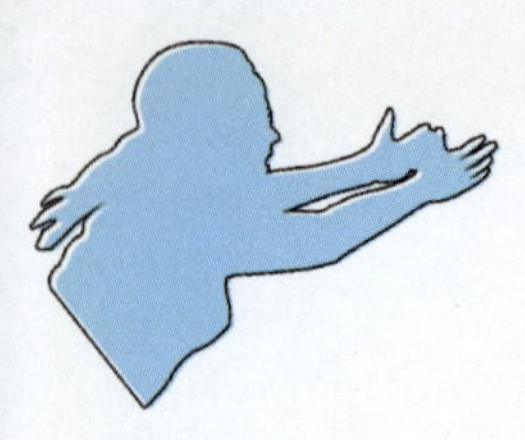

图 2-5　口头语言

假如你还不清楚言语和口头语言之间的区别，试试这个活动：

（1）让一个与你说不同语言的朋友告诉你一个单词。

（2）在你的朋友说出后，你多次重复它。

图 2-6　单词

（3）注意，你能说出这个单词，但是由于你不能理解它的含义，它对你来说就是没用的。这是一种沟通吗？

（4）现在让你的朋友告诉你这个单词的含义。

图 2-7　单词的含义

（5）你看，在理解了这个词的含义后你就可以用它来沟通了。

这是语言，是沟通的基本部分。

所以你看——

教一个人在不理解单词意思的情况下重复说这个词，这不是语言，对沟通也没有用。一个人必须能够把他所听到的词与相关的思想或物品联系起来，才算是有意义的语言。

4. 副语言之肢体语言

我们已经提到过肢体语言。肢体语言包括声音的音调、姿势、面部表情及穿着风格。换句话说，就是我们在沟通时所传递的非口语信息。

无论我们是否使用口语和非口语沟通，我们每个人都使用肢体语言。

你知道吗？沟通中的主要信息是通过肢体语言发出来的。

不知道——你的意思是什么？可以解释吗？

好，来试试这个活动。

用难过的面部表情对你的朋友说“我非常高兴”。

用高兴的面部表情说“我很难过”。

图 2－8　肢体语言

你的朋友会相信你的脸，还是你的话？

所以你看，当我们说话时，人们趋向于相信我们通过肢体语言所传递的信息多于说出的信息。这恰恰说明了肢体语言在沟通和信息传递中的重要性。

肢体语言是沟通循环中必不可少的部分。假如参与发送和接收信息的两个人，任何一方没有良好的肢体语言技能，沟通循环就会有被打断的危险。

拥有好的肢体语言技能，意思是指：

（1）善于倾听并感兴趣；

（2）有视线接触；

（3）能够轮流发送和接受信息；

(4) 善于使用面部表情和声音音调；

(5) 做出合适的姿势；

(6) 不要说得太多或太少。

5. 肢体语言的运用

现在请试试以下的这个活动，它说明了每一项肢体语言技能对成功的沟通有多重要。

选择一个朋友和你谈话，并尝试使用以下每个活动：

在你的朋友对你说话时，假装不听她在说什么，并表现出没有兴趣。

在朋友对你说话时，靠近她并盯着她的眼睛，凝视着她——一直盯着她看。

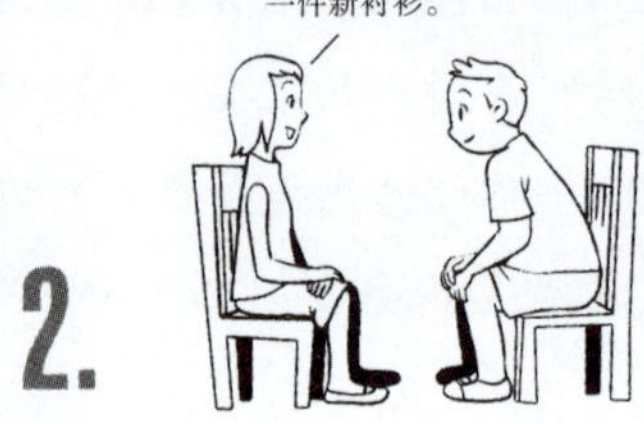

在和你的朋友谈话时，你很少说话。即使轮到你说时，你还是闭着嘴。

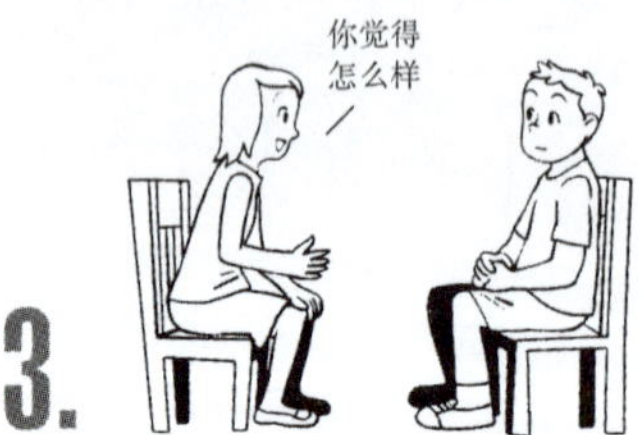

用非常大的音量，单调的声音对他说。

让你的朋友坐在椅子上。站在靠她非常近的地方，向下看着你的朋友，并对她说话。

在和你的朋友谈话时，大部分的时间都是你在抢着说，不给她说话的机会。

图2-9　语言的运用

在尝试了以上每个活动之后请考虑：

在不同的情景中，你的感受如何？

在不同的情景中，你朋友的感受如何？

通过这些活动，你会发现使用劣质的肢体语言能很快破坏沟通循环。所以，尽可能有效地使用肢体语言对于我们在沟通循环中发挥自身的作用是很重要的。

6. 有效运用肢体语言的技巧

请记住：

其他人对你说话的时候，仔细倾听并表现出你感兴趣。

在别人对你说话时要看着他，但不要凝视。

在对话中要轮流互动——不要说得太多，也不要说得太少。

在谈话时，使用适当的面部表情和音调。

使用合适的姿势，使别人感到舒适。

在谈话中，信息发送者和接收者之间保持平衡——不要由一个人控制谈话。

四、沟通需要记住的重点

沟通在出生时就开始了。

沟通是人们之间双向交流的一个过程——它必须包括两个或更多人。

沟通包括发送一个有意义的信息和理解所接收到的信息。

我们使用语言来沟通。

语言可以是口语或非口语的。

肢体语言是沟通必不可少的部分。

说一些不能理解的单词，对于沟通是没有帮助的。

成功的沟通必须包括许多不同的步骤。如果参与的任何一方在任何一个步骤出现困难时，沟通就会被打断。

沟通的前提是要有沟通的人和沟通的内容。

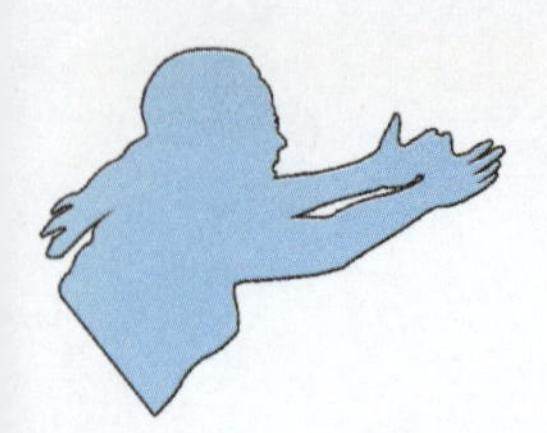

第2节　沟通能力的正常发展

为什么了解孩子正常的沟通发育是重要的？

嗯……只有知道什么是正常的，才能知道什么是不正常的。我们只有在了解了孩子所要经历的正常发育阶段，才能弄清楚他是否有问题。

很好，但是我认为每个孩子的发育速度是不同的，对吗？

对，每个孩子是不同的，孩子在不同的年龄做不同的事——例如，有的孩子在一岁时就开始说话，有的可能在一岁半时才开始说话。但是，我们却可以预计一个孩子在某个平均年龄能够开始做哪些事情。例如，我们认为一个孩子应该在两岁前能说话，如果他不会说，我们就会开始好奇为什么他还不会说话。所以，了解一个正常孩子能够获得某种技能的平均年龄对我们很重要，这样，当孩子发育迟缓，或他可能需要帮助时我们才能注意到。

一、“健康之路”表

“健康之路”表显示了孩子正常的发育速度，也包括了一些发育历程的信息。它包括发育的各个方面，而不仅仅是沟通，因为没有哪一个方面是独立发育的，各方面都是互相影响的。我们需要更详细地了解有关正常发育的知识。

年龄	沟通	粗大运动	视觉/精细动作	日常生活活动
出生	在出生时哭。	肢体的随意运动。	可以很好地吸吮。脸颊活跃，嘴唇裹住奶头。	吸奶。

续上表

年龄	沟通	粗大运动	视觉/精细动作	日常生活活动
3个月	朝发出声音的方向看。对他说话时发出咕咕声和咯咯声。有视线接触。	俯卧时可抬头。坐位时头稳定。躺卧时身体能对称。	能180度地追视运动的东西。可把手放在中线。	把所有物品放进嘴里。
6个月	立即转向声音，喜欢咿呀学语，听声音。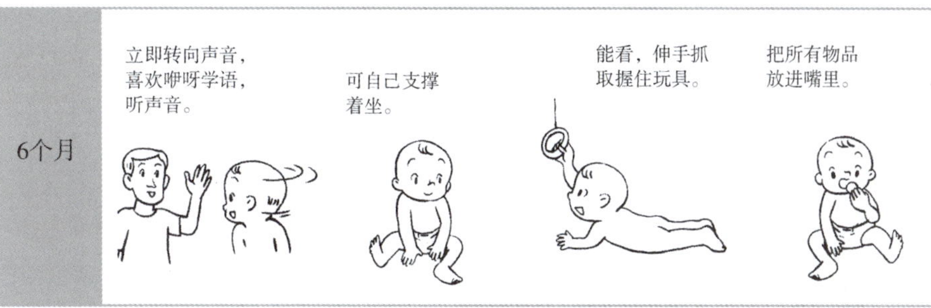	可自己支撑着坐。	能看，伸手抓取握住玩具。	把所有物品放进嘴里。
9个月	仔细听声音。能理解“不”和“再见”。发出各种声音。	尝试爬行。坐位时可以转身。尝试拉物站起。	寻找掉落的物品。抬起小物品。能把玩具从一只手放到另一只手上。	能咀嚼固体食物。开始自己吃饭
年龄	沟通	粗大运动	视觉/精细动作	日常生活活动
12个月	理解单词和简单指令。咿呀学语听起来像真正的语言如：“妈妈”“爸爸”。	能站。可能尝试走。	能用手指远方的东西。能用两只手指抓住物品。	尝试用杯子喝水。

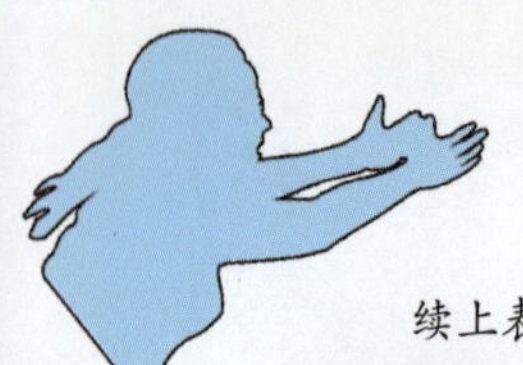

续上表

年龄	沟通	粗大运动	视觉/精细动作	日常生活活动
18个月	理解简单指令。伴随手势，可以说出一些较易理解的词。能挥手“再见”。	走得好。能蹲着玩。	喜欢图片。可以把一个物品放在另一个物品上。	可以脱简单的衣服。
3岁	能听故事。在简单的对话和游戏中能轮流参与。能说简单的句子。	能够跳。可以单腿站几秒。	能把大珠子串在一起。可以握笔模仿画圆圈和十字。	学习自己如厕。
5岁	可以很好地说出所有单词。能像成人那样说话和理解。	能单腿跳和跳跃。喜欢球类游戏。	模仿写字母。可以抓住小球。	自己洗澡和脱穿衣服。帮助简单的工作。

图2－10　“健康之路”

二、“健康之路”表中涉及的正常沟通能力

为了能够沟通，孩子需要学习许多不同的技能。

从孩子出生并发出第一声啼哭时，这些技能就开始发展了。

我们可以把这些沟通技能看作是建造房子所用的砖块。就像把砖块拼放在一起建造房子一样，各项沟通技能一同发展能使孩子使用口语来沟通。

沟通所需的技能有：注意力、听力、模仿能力、轮流互动、游戏能力、

理解能力、肢体语言、言语。

三、“沟通房子”

上述沟通所需的技能构成的“沟通房子”，如下图所示。

图 2 - 11　“沟通房子”

四、沟通能力的发展

沟通能力不是独立发展的，而是彼此相辅相成的。

每个技能都是按照自己的发育阶段来发展的。

在孩子第一次看到妈妈的脸时，注意力就开始发展了，并发展成能够长时间集中注意一个活动的能力。

当孩子对所有声音变得有意识，并开始做出反应时，听力就开始发展了，并开始发展成有选择性的听力能力。

当母亲模仿婴儿的动作和声音，婴儿也相应地模仿母亲的动作和声音时，轮流互动和模仿能力就开始发展了，并发展成能够在会话中轮流互动的能力。

当孩子喜欢自己发出声音并听声音，以及观看并触摸脸时，游戏能力就开始发展了，并发展成能参与复杂的、有规则的游戏的能力。

当孩子开始明白他所看到和听到的事时，理解能力就开始发展了，并发

展成理解成人语言和复杂情境的能力。

孩子哭并扭动他的身体，而妈妈也对此做出反应，这时肢体语言就开始发展了，并发展成能够使用更复杂的肢体语言的能力。

当孩子发出咕咕声和儿语时，言语就开始发展了，并发展成能够说出单词和句子的能力。

五、孩子如何学习沟通所需要的技能

你知道吗？孩子在出生的时候就具备了学习任何语言的潜能，比如西班牙语、恩德贝勒语、修纳语、英语、汉语。但是他首先学会的语言是他听到的周围人说得最多的语言。如果一个孩子是在说两种语言的家庭里长大，那么，他将学会这两种语言。

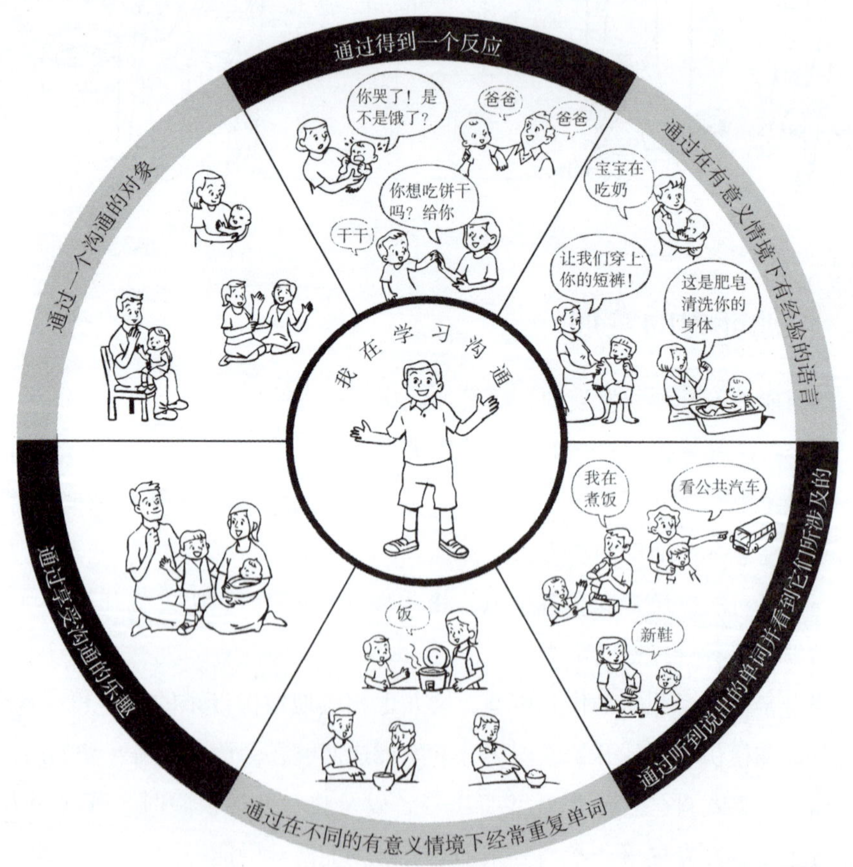

图2－12　沟通技能

六、关于沟通正常发展需要记住的重点

孩子一出生就开始学习沟通——远在他说出第一句话之前。

沟通的正常发展需要许多技能。

孩子通过每天和他周围的人相互交流来发展沟通技能。

孩子先理解情景和单词，然后才能够表达。

运动能力上的发展缺陷容易察觉，而早期沟通技能的发展缺陷则不那么明显。因此，我们需要对孩子的沟通技能加以注意。

孩子各方面的发展都是有关联的，如果孩子在某个方面有困难，这也会影响到其他方面。

一个孩子可能仅在沟通方面有困难。有时候，孩子的发育会全面滞后，其中某些方面的发育比其他方面更加迟缓。

孩子每方面的发育都是同样重要的。如果孩子发育的多方面都出现困难，我们就应该对每方面都做出帮助而不能有所遗漏。

一个孩子需要 5 年或更长的时间，才能充分地发展他的各项沟通技能。

第 3 节　对沟通困难的早期识别

一个孩子需要 5 年或更长的时间，才能充分地发展他的各项沟通技能。

就像对待所有的残疾孩子一样，尽早识别有沟通困难的孩子并给予帮助是极其重要的，特别是在孩子 5 岁之前。

一、为什么早期识别孩子的沟通困难很重要

因为：

（1）孩子生命中的头 5 年对于发展沟通技能是至关重要的。错过了那段时间，要改善孩子的沟通能力就会非常困难，并且他可能永远都追不上其他的孩子。

（2）如果没有在早期帮助孩子改善沟通能力，父母和孩子双方都有可能放弃尝试，沟通循环就可能被打断。而我们的目的是要避免沟通的停止。

（3）语言和沟通技能是将来所有学习的基础，如上学、读书写字、交朋友、成为社会的一分子。如果没有在早期帮助孩子，以后这些技能就不能得到发展，将会给孩子带来长期的不利影响。

二、我们应该注意什么

要想尽早识别一个孩子是否存在沟通的问题，我们应该注意以下几点：

所有的孩子都有发生耳聋的可能性。

妈妈/照顾者是否怀疑或担忧孩子不能像其他孩子那样地听或沟通。

我们应该注意孩子是否有以下问题：

6～8 周时，对说话声音或日常的声音还没有反应。

3～4 个月时，还不会对人或东西表现出感兴趣。

10 个月时还没有牙牙学语的迹象。

2 岁时还不能说出一个单词。

3 岁时还不会使用简单的句子。

4 岁时还不会使用别人能理解的语言。

5 岁时还不会使用较长的、像成人所说的句子。

6 岁时还不能参与成人的谈话。

三、孩子沟通困难的原因

1. 造成孩子沟通困难的 5 种原因

到此为止，我们了解了：

什么是沟通（第 1 节）；沟通的正常发展（第 2 节）；以及早期识别的重要性。

现在我们要看看造成孩子沟通困难的主要原因，这些原因包括：

（1）听力损伤。如果孩子有听力问题，他们学习“说话”将非常困难。这是因为我们通过去听周围人的谈话以及自己尝试说的话，来学习说话。

（2）智力障碍。有些孩子学习和理解周围环境比较缓慢。他们学习沟通所需的技能也会比较困难。

（3）脑瘫。如果孩子对自己身体的肌肉没有良好的控制和协调能力，他

们做任何的运动都会有困难，包括那些为了能发声和说话所需的运动。

（4）多重残疾。有些孩子有许多不同的残疾，严重影响到他们学习和理解周围环境的能力。通常，这些孩子在沟通方面只具有非常基本的技能。

（5）言语的特殊困难。虽然有些孩子没有以上任何一种残疾，但他们仍然有言语困难。我们不得不承认，有时候我们不知道导致一些孩子沟通困难的原因是什么。

2. 孩子成功沟通需要的感觉器官和能力

为了能成功地沟通，孩子需要沟通的物件、沟通的事物以及某些感觉器官和能力。

为了能成功地沟通，孩子需要：

（1）沟通的物件

图 2－13　沟通的物件

（2）沟通的事物

图 2－14　沟通的事物

（3）某些感觉器官和能力

下面的图解说明了沟通所需的感觉器官和能力：

3. 感觉器官和能力的缺陷对沟通困难的影响

如果一个孩子在沟通所需的感觉器官和能力任何一个方面有问题，他就会有沟通困难。

现在让我们看看导致沟通困难的那些问题，是如何影响孩子的感官和能力的。

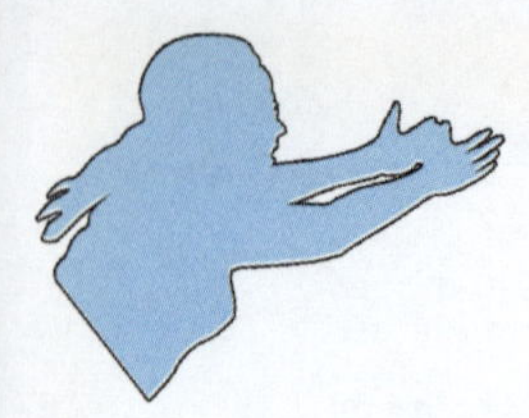

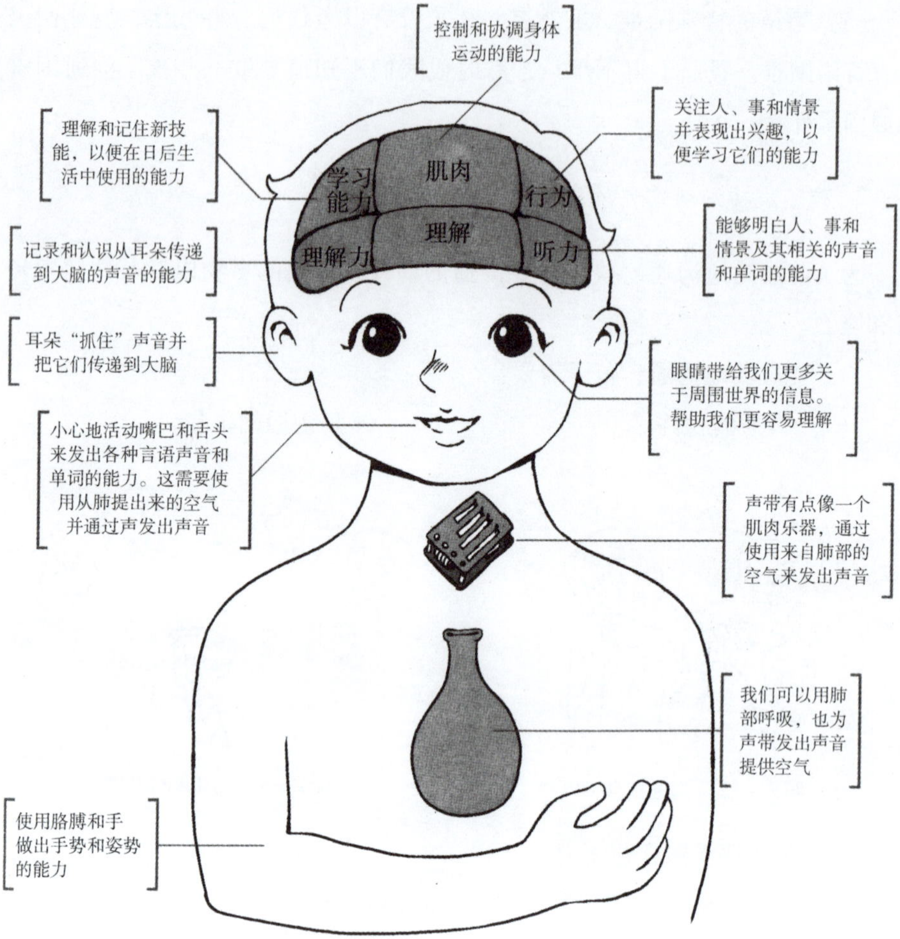

控制和协调身体运动的能力

理解和记住新技能，以便在日后生活中使用的能力

关注人、事和情景并表现出兴趣，以便学习它们的能力

学习能力

肌肉

行为

理解力

理解

听力

记录和认识从耳朵传递到大脑的声音的能力

能够明白人、事和情景及其相关的声音和单词的能力

耳朵“抓住”声音并把它们传递到大脑

眼睛带给我们更多关于周围世界的信息。帮助我们更容易理解

小心地活动嘴巴和舌头来发出各种言语声音和单词的能力。这需要使用从肺提出来的空气并通过声发出声音

声带有点像一个肌肉乐器，通过使用来自肺部的空气来发出声音

我们可以用肺部呼吸，也为声带发出声音提供空气

使用胳膊和手做出手势和姿势的能力

图2－15　感觉器官与能力

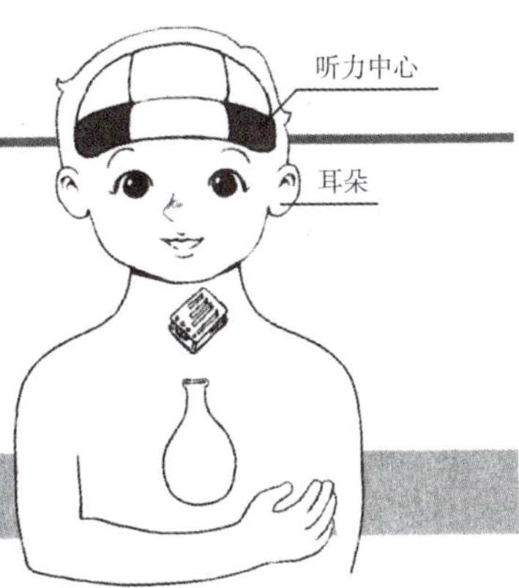

听力损伤是由于以下部分受损：

- 大脑的听力中心
- 耳朵

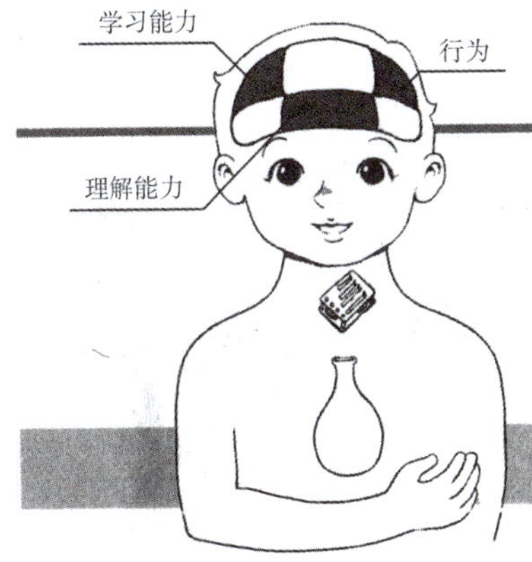

智力障碍影响的方面包括：

- 学习能力
- 理解能力
- 行为

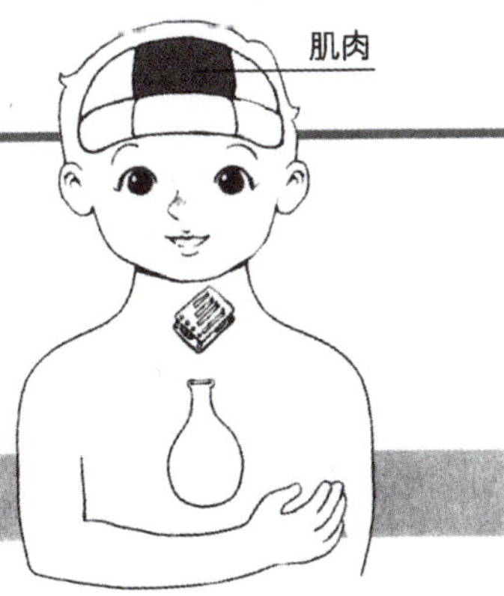

脑瘫的起因是由于以下部分受损：

- 大脑控制和协调所有肌肉运动的部分，包括：嘴唇、舌头、硬腭、声带和肺

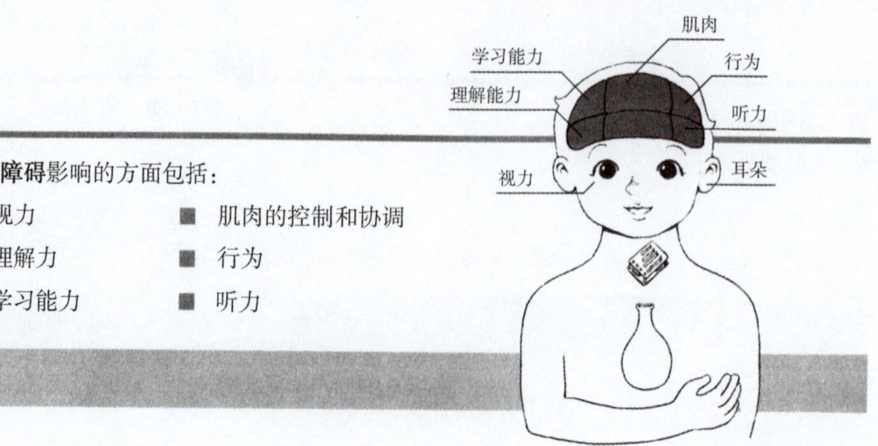

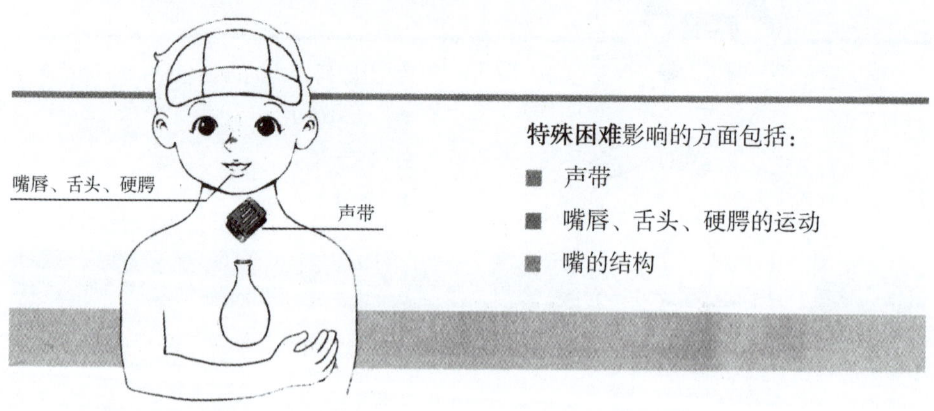

图2－16　感觉器官与能力损伤导致的沟通障碍

［小提示］

你知道吗？

舌系带不是造成沟通困难的原因！

如果孩子不会说话，许多人认为只要剪开舌系带来放松舌系，孩子就会说话了。但事实不是这样的。

思考以下的事实：

舌头下面的皮肤（舌系带）本身不能活动舌头，而是由舌头内部控制运动的肌肉来活动舌头。所以，如果孩子的舌头不能很好地活动，那是肌肉的问题，而不是舌系带的问题。

如果孩子有活动舌头的问题（但是没有其他妨碍他说话的问题），那么他应该会说话，但他的言语不会很清楚。换句话说，他的语言还可以。

能够活动舌头只是说话所需的其中一个技能。记住，除了活动舌头以外，能够说话还关系到很多其他的技能。

为了更清楚这一点，试试这个活动……

把你的舌头放在下排牙齿的后面。

现在，舌头不要动，对你的朋友说一些事。

“瞧，你还是可以说话的，只是说得没那么清楚而已。”

“但是，剪开舌系带会伤害我的孩子吗？”

“是的！剪开舌系带会给孩子带来疼痛和痛苦。另外，如果手术不那么卫生，还可能会引起感染。并且舌头可能无法很好地痊愈。实际上，所有这些问题都可能会使你孩子的问题变得更严重。”

所以，剪开舌系带对孩子的沟通困难没有帮助。它不是解决问题的方法。

四、关于导致孩子沟通困难的原因需要记住的重点

为了能够很好地沟通，孩子需要许多不同的能力。假如他在任何一方面有问题，沟通困难就会出现。

孩子有困难的方面越多，他的沟通问题就越严重。

很多时候，孩子有沟通困难是由一些不能见的损伤导致的——大脑或耳朵的损伤。

有时，孩子嘴部结构有一些异常也可能是导致沟通困难的一个原因。舌系带不是导致沟通困难的原因。

某些其他因素，如缺乏刺激（干预）、情感的忽略、缺乏鼓励，这些都可能造成或促成孩子的沟通困难。

恶魔不会造成沟通困难。

有沟通困难的孩子的智力可能是正常的。

即使不知道造成孩子沟通困难的原因，我们还是可以帮助孩子的。

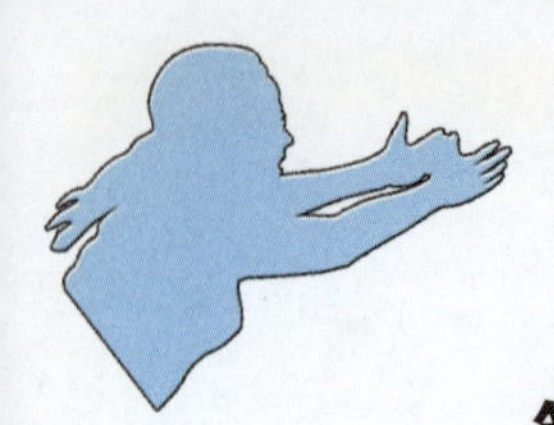

第4节　多重残疾儿童的沟通能力问题

一、多重残疾儿童的沟通循环

对于多重残疾的孩子而言，他们所有肌肉的运动和理解能力都有问题，通常还有视力和听力的问题，因此，对他们来说沟通就会非常困难。让我们看看沟通循环，以便更好地理解多重残疾儿童的沟通是如何或可能受到影响的。

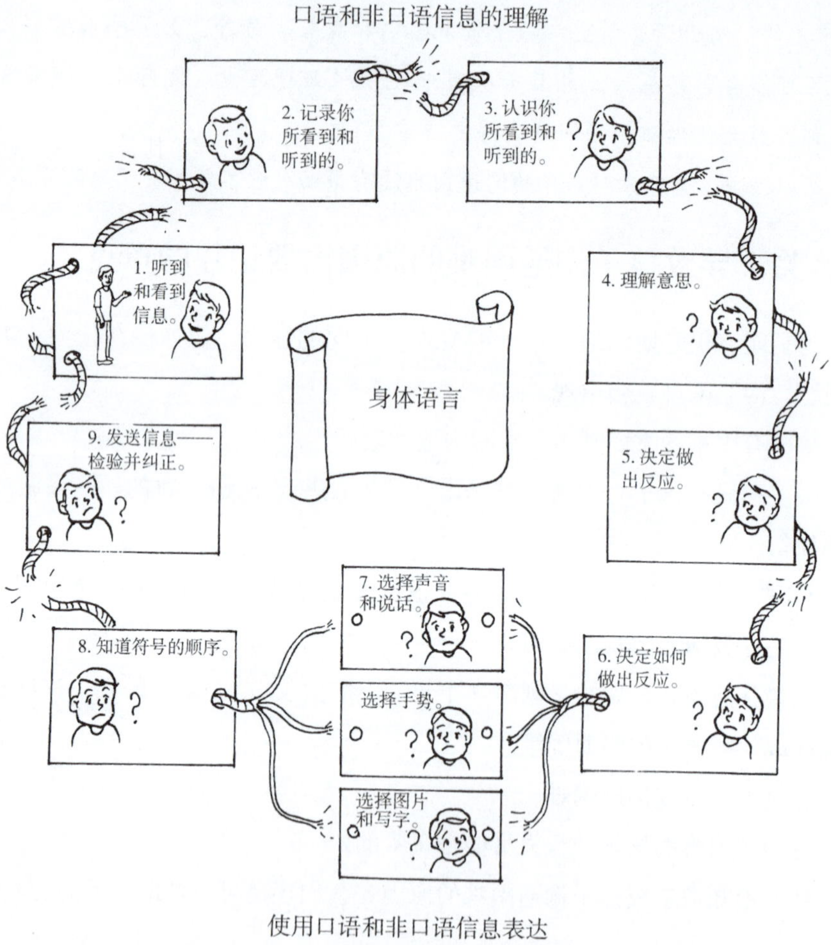

口语和非口语信息的理解

1. 听到和看到信息。

2. 记录你所看到和听到的。

3. 认识你所看到和听到的。

4. 理解意思。

5. 决定做出反应。

6. 决定如何做出反应。

7. 选择声音和说话。

选择手势。

选择图片和写字。

8. 知道符号的顺序。

9. 发送信息——检验并纠正。

身体语言

使用口语和非口语信息表达

图2－17　多重残疾儿童的沟通循环

由上图可见，多重残疾的孩子在理解和表达的各个步骤都有困难。虽然孩子不能理解口头语言，也不能通过说话来做出反应，但要与他建立基本的沟通还是有可能的。我们必须改变我们的期待，并调整我们的沟通方式来适合孩子。

二、更多关于多重残疾儿童沟通的知识

由于多重残疾的孩子通常有严重的沟通困难，我们帮助他们的方法会有所不同。其中一个原因是，与多重残疾的孩子建立沟通会很困难。我们不知道他的理解程度，也可能不清楚他表达自己的方式。这样，我们的主要目标就是与孩子建立基本的沟通。因此，我们需要先了解他的理解程度，以及他表达自己的方式。

通常，孩子可能会设法发送信息，但是他所使用的方式其他人又不能明白。这样，孩子努力沟通了却得不到注意，最后他可能会放弃尝试表达自己。

为了防止沟通循环以这样的形式被打断，当孩子发送信息时，我们必须帮助人们去认识这些信息，并对此做出合适的回应。

“但是我的孩子不沟通。”

“是的，我的孩子也不会发送信息。”

“我的孩子也是一样！”

“我的也一样！”

“哦，真的吗？好吧，让我们来看看……”

“小若妈妈，小若怎么表示他已经吃饱了？”

“他开始把食物吐出来。”

“小德妈妈，小德怎么告诉你他尿湿了？”

“他哭啊哭的，直到我给他换了尿片。”

“明明妈妈，你怎么知道明明还想多吃一点东西？”

“我注意到在他想要多吃点时，他的胳膊和腿会动。”

“小青爸爸，你怎么知道小青很高兴呢？”

“当然是微笑和大笑了！”

所以你们看，你的孩子在沟通——用他们自己特殊的方式！我们必须要观察他们是如何用不同的方式来向我们说话，并且通过做出反应使我们与他们的沟通变得越来越有效！

- 基本的沟通

在谈到多重残疾的孩子时，你一直在说“基本的沟通”，那是什么意思？

“基本的沟通”是指孩子的基本反应，例如哭 、笑、活动胳膊或腿，这些反应都可以发展成为沟通的方式。

本章介绍了有关沟通的基本理论。接着，我们要介绍如何评估多重残疾儿童的沟通能力。

第 3 章 评 估

本章分两节。第 1 节从总体上来讨论对 0 ~ 6 岁有沟通困难的孩子进行评估的相关知识。第 2 节专门讨论对多重残疾儿童沟通能力进行评估的问题。

第 1 节 沟通能力评估

一、什么是沟通能力评估

1. 沟通能力评估的含义

如果我们要想帮助有沟通困难的孩子，我们需要对他们的能力先有一个清楚的了解。

沟通能力评估，就是了解孩子具有怎样的沟通能力。

2. 为什么要评估孩子的沟通能力

对一个孩子沟通能力的评估有助于我们：

- 清楚了解孩子能做什么，并鉴别他们哪些方面存在困难；
- 草拟一个合适的能够满足孩子需要，并能帮助他获得进步的目标计划；
- 为孩子的进步做好记录。

3. 哪些孩子适合做沟通评估

理论上，任何有沟通困难的孩子都适合做评估，但实际情况并没那么简单。虽然存在许多有沟通困难的孩子，但因为没有足够的工作人员，因而不是所有的孩子都能获得帮助。所以，我们必须先决定哪些孩子能从我们的服务中获得最大的帮助，之后再集中精力来帮助他们。

所有年龄低于 6 岁、有沟通困难的孩子都适合做评估。

如果你必须决定如何在孩子之间分配你的工作时间，那就把你的精力集中在那些年龄较小的孩子身上。因为他们能够真正从你的帮助中获得益处。

二、评估前的准备

1. 在什么环境中评估孩子的沟通能力

我们不需要一个特殊的环境来进行评估，但却需要制造一个融洽的气氛。为沟通创造一个合适的环境，我们必须考虑以下几点：

- 孩子的父亲或母亲应该参与评估；
- 环境应该是轻松和随意的，那样才能让父母和孩子感到舒服，并且能和你自由地沟通；
- 确保你有足够的时间能完成整个评估而不会被打断（通常 12 个小时就足够了）；
- 在评估时，设法确保孩子是精神/留心和愉快的（不要试图在孩子感到疲惫、饥饿或生病时进行评估）；
- 仔细选择进行评估所需的玩具（只使用父母在家能够找到的玩具，不要使用太多的玩具，以及那些对孩子来说太复杂或太简单的玩具）；
- 确保不会有太多分散孩子注意力的东西。

除了以上几点外，我们必须把握住，我们自己要沟通好——这对我们能否成功地进行评估至关重要。

记住！我们为评估所制造的气氛是最重要的！

我们应该：

- 处于与父母和孩子同一水平线的位置，并且和他们有一段感到舒适的距离；
- 工作时，对父母和孩子表现出热情、有兴趣及关心；
- 在评估期间，鼓励父母主动地和孩子一起参与你的活动；
- 通过与孩子的互动，设法与他建立关系；
- 总是跟随孩子的兴趣——不要强迫他玩他不感兴趣的东西。

2. 沟通能力评估需要什么设备

除了为评估制造一个合适的环境外，我们也需要确保有合适的设备。“合

适的设备”并不是指高科技机器和昂贵的玩具。

我们需要以下物品来评估孩子的沟通能力：

- 一张评估表；
- 一支圆珠笔；
- 有纸夹的笔记板，或其他可以垫纸的东西；
- 玩具——炒锅、勺子、盘子、杯子、布娃娃；
- 木块或积木；
- 各种各样的容器；
- 瓶盖；
- 可以发声的自制“喇叭”；
- 汽车；
- 球；
- 日用品；
- 一件衣服；
- 有简单物品的图片；
- 铅笔和纸。

看看这些玩具！请注意它们没有一样是昂贵的。几乎每家都可以找到或轻易地制作这些东西。但它们往往却是最好的玩具！

3. 我们要从评估中获得什么信息

在评估时，我们需要尽可能详尽地收集有关孩子的资料。

- 他的家庭背景和居家环境；
- 他的发育史，包括任何疾病的情况；
- 以前有无联系过康复服务；
- 教育情况，是否在上幼儿园、特殊学校或普通学校。

最后，我们还需要加上一些说明及对孩子沟通技能的具体描述。

评估时我们需要注意以下方面：

- 言语——发出声音，并把它们放在一起形成单词以后再组成句子的能力；
- 理解能力——可以理解人、情境和语言的能力；

- 手势——使用身体运动、手势和面部表情来传递信息的能力；
- 游戏能力——孩子可以通过游戏来发展他对周围世界的认识，并学习沟通的基本技能；
- 注意力——可以对周围的人或事集中精力的能力；
- 听力——能够仔细聆听声音和别人谈话声的能力；
- 轮流和模仿——在游戏中互动，并能模仿他人的动作、声音或说话的能力；
- 日常生活活动——可以独立吃饭、穿衣、洗澡和如厕的能力；
- 粗大运动——控制身体大动作的能力。

三、评估表

1. 评估表包含的内容

我们需要使用一份评估表来集中记录孩子的所有相关信息。

在后面我们将看到一份详尽的评估表，这份表包含了4页：

第1页：背景资料；

第2页：其他需要考虑的方面；

第3页：沟通技能核对表；

第4页：总结和目标计划。

2. 评估表填写指南

第1页：比较容易完成，只需填上要求填写的内容即可。

第2页：这部分也比较容易，同样只需填上要求填写的内容。

第3页：这部分则需要更多解释。以下的填写指南能帮助你明白该表。如下所示，根据你的观察，以及对家长的询问和与孩子的互动来填写核对表：

（1）在这页的上面记录孩子的实际年龄。

（2）从第一行“言语”开始，从左到右进行，孩子可以做的就画上“√”，孩子做不到的就画上“×”。空白处记录下任何特别的附注。如果孩子很明显地不能做到这一行里的其余活动，就不用再继续了，转到下一行的“理解能力”。

（3）像以上所描述的那样继续填写，从左到右进行，直到完成这张表格。这样，你对被测试的孩子能做什么和不能做什么就有了一个基本的了解。

（4）在最接近孩子实际年龄处，画上了“√”号的部分就是孩子的能力。在这一页的底部对此做上记录。

（5）离孩子实际年龄最远处，画上了“√”号的部分是孩子的困难。在这一页的底部对此做上记录。

第 4 页：这一页是制订目标计划，是评估表必不可少的一个部分。第 4 章将详细探讨“目标计划”的内容。

3. 空白评估表第 1 页填写说明

为了使你更容易明白，现在让我们来实际填写一份评估表的第 1、2、3 页。

表 3－1　儿童沟通能力评估表（第 1 页）

<table>
<tr><td>省/区：
（孩子长期居住的地方）</td><td>评估日期：
（当天的日期）</td></tr>
<tr><td>姓名：
（孩子的全名）</td><td>出生日期：　年　月　日</td></tr>
<tr><td>地址：
（完整的邮政地址）</td><td>年龄：
（孩子目前的年龄）</td></tr>
<tr><td colspan="2">家族史：（父母在一起吗？他们都有工作吗？有几个兄弟/姐妹？孩子在家庭中的排行？）</td></tr>
<tr><td colspan="2">家族其他成员有无类似问题：
（家庭中任何一方是否存在任何言语或/和听力问题的病史？如果有请详细说明）</td></tr>
<tr><td colspan="2">出生史：（在怀孕期间有问题吗？出生时足月了吗？是正常分娩吗？孩子在出生后有哭吗？吸吮得好吗？有什么并发症吗？如果有，请详细说明）</td></tr>
<tr><td colspan="2">儿童疾病史：（孩子患过任何重大疾病吗？请详细说明。对于任何更多的情况，查看孩子的门诊病历卡片和发育图表）</td></tr>
</table>

续上表

省/区： （孩子长期居住的地方）	评估日期： （当天的日期）
发育历程： （孩子从什么时候开始坐、爬、站、走、说； 孩子吸吮得好吗？他和其他同龄孩子一样能吃固体食物并咀嚼吗？）	
是否接受过任何语言治疗： （有关孩子的沟通困难，家长曾经接受过任何建议或对孩子的治疗吗？如果有，详细说明）	
何时：	（什么时候给予的建议？）
何地：	（孩子从哪里得到的建议？）
什么建议：	（接受或被建议做什么治疗？）

资料来源：本表格采自津巴布韦 Harare 中心医院儿童康复部所使用的“儿童沟通技能评估表”。

4. 空白评估表第 2 页填写说明

表 3－2　儿童沟通能力评估表（第 2 页）

根据你的观察回答以下问题： 观察孩子并考虑这些问题，如果你现在能确定问题的答案，就准确地圈出“是”或“否”。如果你暂时还不能确定答案，就继续进行评估。待填完了全部核对表之后再来回答这些问题。

说话是孩子唯一的困难吗？	是/否

如果不是，请回答以下问题：

孩子有肢体障碍吗？	是/否	孩子有智力障碍吗？	是/否
孩子有视觉障碍吗？	是/否	孩子有行为问题吗？	是/否

续上表

孩子有肢体障碍吗？	是/否	孩子有智力障碍吗？	是/否
孩子的发育迟缓吗？	是/否	孩子有其他困难吗？	是/否
例如，孩子是否有： ● 痉挛 ● 任何已知的情况，如唐氏综合征 ● 进食困难或流涎 ● 不正常的头围			

孩子上托儿所/学校吗？　　是/否

如果没有：请解释原因

（如果孩子到了入托/入学年龄，就问这个问题，如果孩子显然太小，就不用问这个问题。）

听力：

孩子听力好吗？父母认为他们的孩子有良好的听力吗？　　是/否

描述：圈出答案并说明原因。

孩子的耳朵感染过吗？　　是/否

描述：孩子的耳朵往外流过脓吗？他的耳朵疼过吗？圈出答案并说明。

孩子做过听力检查吗？圈出答案并详细说明。　　是/否

如果做过　何时？　　何地？　　结果如何？

5. 空白评估表第 3 页填写说明

本页为“核对表”。

表 3－3　儿童沟通能力评估表（第 3 页）

阶段	1	2	3	4	5
年龄	0～6 个月	6～12 个月	12～18 个月	1.5～3 岁	3～5 岁
言语	孩子会哭或发出咿呀声吗？	孩子能重复声音并能和谐地发出咿呀声吗？	孩子能使用有意义的声音和别人能明白的单词吗？	孩子能使用一些单独的词，有时也能把两个词放在一起用吗？	孩子能把几个单词放在一起组成句子吗？陌生人能理解他说的话吗？如“不能”请说明。
理解能力	孩子理解基本需要如何得到满足吗？比如在饿或尿湿的情况下哭。	在使用手势表达简单指令时，孩子能理解吗？	在没有使用手势时，孩子能服从指令吗？比如，出示身体的某些部分。	孩子像其他的同龄孩子一样能理解简单语言吗？	孩子能理解并参与会话吗？
手势	孩子会微笑、皱眉、笑吗？孩子会向物品伸出手吗？	孩子会用手指出他感兴趣的物品或人吗？	孩子能使用与情景相联系的手势吗？如挥手“再见”、拍手“谢谢”。	孩子会使用手势让其他人为他做事吗？如在想喝水时指指茶杯。	孩子能使用手势来表达出他自己的资讯吗？
游戏能力	孩子对人或事感兴趣吗？他有视线接触吗？	孩子想要探究/玩耍物品吗？他会寻找被藏起来的物品吗？	孩子喜欢简单的假想性游戏吗？如把勺子放杯子里，假装自己吃饭。	孩子玩积木吗？孩子模仿一些简单的家庭活动吗？	孩子喜欢有规则的游戏吗？孩子和其他小朋友一起玩假想性游戏吗？

孩子可以做什么画（√），不可以做什么画（×）。

每行都从左向右进行。

续上表

阶段	1	2	3	4	5
年龄	0～6 个月	6～12 个月	12～18 个月	1.5～3 岁	3～5 岁
注意力	在妈妈/照顾者说话时孩子望向她吗?	孩子望向新的声音或事物吗?	孩子可以参加简单的任务并且不被新的声音或事物分散注意力吗?	孩子可以长时间参与一个更困难的任务吗? 如搭积木和假想游戏。	孩子在做一件事时，能听并对别人说话吗?
听力	孩子对声音有反应并看声音从哪里发出吗?	孩子能区分不同的声音及他们的意义吗? 如狗叫或汽车行驶。	在妈妈/照顾者说话时孩子听吗?	孩子能更仔细地听说话吗? 他尝试模仿单词吗?	在嘈杂的环境，孩子可以忽略其他噪音而听妈妈/照顾者说话吗?
轮流互动和模仿	孩子能和妈妈/照顾者轮流发出声音吗? (也就是在妈妈重复了孩子的声音后，孩子能再重复吗?)	孩子用有趣的方法重复自己的声音吗?	孩子模仿成人的动作或声音吗? 孩子想要成人参与他的游戏吗?	孩子开始尝试重复他听到的单词吗?	孩子可以在会话中轮流互动吗?
日常生活活动	孩子可以抿住勺子吗? 孩子可以把食物放进口中吗?	孩子可以咀嚼食物和用杯子喝水吗? 孩子配合脱穿衣服吗?	孩子能自己吃饭吗? 自己脱穿简单的衣服? 开始如厕训练了吗?	孩子可以自己洗手、洗脸吗? 孩子可以穿简单的衣服吗? 孩子差不多能自己如厕吗?	可以自己洗并擦干吗? 可以自己脱穿衣服吗? 能自己如厕吗?

续上表

阶段	1	2	3	4	5
年龄	0～6个月	6～12个月	12～18个月	1.5～3岁	3～5岁
粗大运动	孩子双手能放在中线吗？ 孩子能支撑着坐吗？	孩子可以爬吗？ 能拉着他站起来吗？ 可以支撑着走吗？	孩子可以走吗？ 孩子跑时显得僵硬吗？	孩子可以随意地跑吗？ 孩子可以双腿跳吗？	孩子可以单脚跳吗？ 孩子可以跳跃吗？ 孩子可以蹦吗？

能力：记录孩子最好的方面（也就是最接近孩子年龄的）。

需要：记录孩子比较有困难的方面（也就是离他年龄最远的）

四、评估表样本

本节我们以一个名叫 John Muponda 的孩子为例，看看评估表该如何填写。

1. John Muponda 评估表第 1 页

表 3-4　儿童沟通能力评估表（第 1 页）

省/区： RuanRwe，Manicaland	评估日期： 1991 年 9 月 24 日
姓名： John Muponda	出生日期： 1989 年 2 月 12 日
地址： Nvanga，985 号信箱	年龄： 2 岁半
家族史：父母住在一起。小规模的农场主。是 8 个孩子中最小的一个。	
家族其他成员有无类似问题： 没有。	
出生史：在怀孕期间没有问题。在孩子 7 个月时早产。孩子在出生后没有哭，也没有很好的吸吮。在出生之后住院 3 个月。	
儿童疾病史：没有。	

续上表

发育里程： ● 坐：12个月时 ● 爬：17个月时 ● 站：20个月时 ● 走：24个月时 ● 说：还不能说话 ● 不能咀嚼固体食物
是否接受过任何语言治疗 是的
何时：在17个月时。
何地：在传统医生那里。
什么建议：剪开舌系带。

2. John Muponda 评估表第2页

表3－5 儿童沟通能力评估表（第2页）

根据你的观察回答以下问题：

说话是孩子唯一的困难吗？ 是/(否)

如果不是，请回答以下问题：

孩子有肢体障碍吗？	是/(否)
孩子有智力障碍吗？	(是)/否
孩子有视觉障碍吗？	是/(否)
孩子有行为问题吗？	(是)/否
孩子的发育迟缓吗？	(是)/否
孩子有其他困难吗？	(是)/否
● 有痉挛，在用药物控制。	

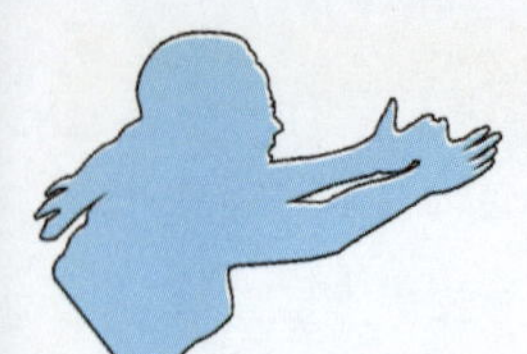

续上表

孩子上托儿所/学校吗？　　　　是/否 如果没有：请解释原因 如果孩子到了入托/入学年龄，就问这个问题，如果孩子显然太小，就不用问这个问题。

听力

孩子听力好吗？　　　　(是)/否 描述：头转向所有声音的方向，即使是微小的声音 孩子的耳朵感染过吗？　　　　是/(否) 描述： 孩子做过听力检查吗？　　　　是/(否) 如果做过　何时？ 　　　　　何地？ 　　　　　结果如何？

3. John Muponda 评估表第3页

表3-6　儿童沟通能力评估核对表（John，2岁半）

阶段	1	2	3	4	5
年龄	0～6个月	6～12个月	12～18个月	1.5～3岁	3～5岁
言语	孩子会哭或发出咿呀声吗？ 【√】	孩子能重复声音并能和谐地发出咿呀声吗？ 【√】	孩子能使用有意义的声音和别人能明白的单词吗？ 【×】	孩子能使用一些单独的词，有时也能把两个词放在一起用吗？	孩子能把几个单词放在一起组成句子吗？陌生人能理解他说的话吗？如“不能”请说明。

续上表

阶段	1	2	3	4	5
年龄	0～6个月	6～12个月	12～18个月	1.5～3岁	3～5岁
理解能力	孩子理解基本需要如何得到满足吗？比如在饿或尿湿的情况下哭。【√】	在使用手势表达简单指令时，孩子能理解吗？【不确定？】	在没有使用手势时，孩子能服从指令吗？比如出示身体的某些部分。	孩子像其他的同龄孩子一样能理解简单语言吗？	孩子能理解并参与会话吗？
手势	孩子会微笑、皱眉、笑吗？【√】孩子会向物品伸出手吗？【√】	孩子会用手指出他感兴趣的物品或人吗？【×】	孩子能使用与情景相联系的手势吗？如挥手“再见”，拍手“谢谢”。	孩子会使用手势让其他人为他做事吗？如在想喝水时指指茶杯。	孩子能使用手势来表达出他自己的资讯吗？
游戏能力	孩子对人或事感兴趣吗？【一点点】他有视线接触吗？【短暂的】	孩子想要探究/玩耍物品吗？【×】他会寻找被藏起来的物品吗？【×】	孩子喜欢简单的假想性游戏吗？如把勺子放杯子里，假装自己吃饭。	孩子玩积木吗？孩子模仿一些简单的家庭活动吗？	孩子喜欢有规则的游戏吗？孩子和其他小朋友一起玩假想性游戏吗？
注意力	在妈妈/照顾者说话时孩子望向她吗？【短暂的】	孩子望向新的声音或事物吗？【×】	孩子可以参加简单的任务并且不被新的声音或事物分散注意力吗？	孩子可以长时间参与一个更困难的任务吗？如搭积木和假想游戏。	孩子在做一件事时，能听并对别人说话吗？

续上表

阶段	1	2	3	4	5
年龄	0～6个月	6～12个月	12～18个月	1.5～3岁	3～5岁
听力	孩子对声音有反应并看声音从哪里发出吗？【√】	孩子能区分不同的声音及他们的意义吗？如狗叫或汽车行驶。【×】	在妈妈/照顾者说话时孩子听吗？	孩子能更仔细地听说话吗？//他尝试模仿单词吗？	在嘈杂的环境，孩子可以忽略其他噪音而听妈妈/照顾者说话吗？
轮流互动和模仿	孩子能和妈妈/照顾者轮流发出声音吗？也就是在妈妈重复了孩子的声音后，孩子能再重复吗？【√】	孩子用有趣的方法重复自己的声音吗？【√】	孩子模仿成人的动作或声音吗？【×】孩子想要成人参与他的游戏吗？【×】	孩子开始尝试重复他听到的单词吗？	孩子可以在会话中轮流互动吗？
日常生活活动	孩子可以抿住勺子吗？【√】孩子可以把食物放进口中吗？【√】	孩子可以咀嚼食物【×】和用杯子喝水【√】吗？孩子配合脱穿衣服吗？【×】	孩子能自己吃饭吗？【√】自己脱穿简单的衣服？【×】开始如厕训练了吗？【×】	孩子可以自己洗手、洗脸吗？孩子可以穿简单的衣服吗？孩子差不多能自己如厕吗？	可以自己洗并擦干吗？可以自己脱穿衣服吗？能自己如厕吗？
粗大运动	孩子双手能放在中线吗？【√】孩子能支撑着坐吗？【√】	孩子可以爬吗？【√】能拉着他站起来吗？【√】可以支撑着走吗？【√】	孩子可以走吗？【√】孩子跑时显得僵硬吗？【√】	孩子可以随意地跑吗？孩子可以双腿跳吗？	孩子可以单脚跳吗？孩子可以跳跃吗？孩子可以蹦吗？

能力：言语、轮流互动和模仿、粗大运动。

需要：注意力、听力、游戏能力、理解能力、手势、自理能力（日常生活活动）。

4. 评估表填写的其他注意事项

在你评估了一个孩子之后，请思考：

- 到目前为止，我得到了我所需要的全部信息吗？
- 我的大部分信息来自孩子的母亲，还是我自己对孩子的观察或与孩子互动的结果？
- 在我了解到孩子的真实情况后，他的母亲感到高兴吗？
- 我尽自己最大的努力与孩子互动了吗？
- 孩子配合我吗？
- 评估是否准确地描绘了孩子的能力和他们的需要？
- 我需要介绍孩子去看其他能帮助他的人吗？

五、关于评估需要记住的重点

评估主要从言语能力、理解能力、手势、游戏能力、注意力、听力、轮流互动和模仿能力、日常生活活动以及粗大运动等方面进行。不同的残疾对孩子的这些能力会有不同的影响。智力障碍以及发育迟缓的孩子，在上述各个方面都可能存在问题。

在此需要记住的有关评估的要点是：

- 好的评估有助于更好地制订目标计划，也是孩子获得进步的关键；
- 评估和治疗是相互紧密联系的，都应该不断进行（在治疗取得进展时，我们必须重新评估孩子能做什么、不能做什么。也就是说，随着时间的推移，我们会不断地改变评估结果及目标计划）；
- 再次评估/测试孩子的程度，并与他最初的评估相比较，可以使家长和我们自己得到鼓励；
- 孩子的发育由很多方面组成，注意，我们不应该孤立地看待沟通，我们也要考虑到其他需要评估的方面，并在必要时介绍孩子去看其他能帮助他的人；
- 仅在沟通的领域里，我们就需要评估许多方面的技能——言语只是其中之一；

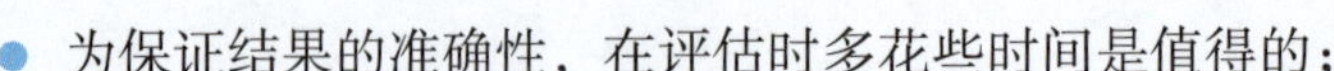

- 为保证结果的准确性，在评估时多花些时间是值得的；
- 通过互动来与孩子及家长建立关系，可以为好的评估打下基础；
- 让家长参与评估是极其重要的；
- 我们自己的沟通技能和孩子的一样重要；
- 评估不是总能顺利进行的，我们必须准备好灵活应对，并适应任何我们可能会遇到的情况。

第2节　多重残疾儿童沟通能力评估

一、多重残疾评估要用专用评估表

第1节里提到的“评估表”适用于评估大多数的残疾儿童，如智力障碍儿童、听力损伤儿童、脑瘫儿童等。但是，帮助多重残疾的孩子需要用不同的方法，这也包括了我们对他们的评估——普通评估表上的“核对表”对于大多数这类孩子来说太超前了。

对于他们，我们需要考虑比较小的且更详细的步骤。所以，本节会讨论哪些方面是我们需要评估孩子的，并会给出一份更适合多重残疾孩子使用的评估核对表。你需要做的是复制这份新的评估表，并用它替换那份普通的评估核对表的第3页。

不要忘记按照正常的方式填写评估表的第1页和2页。

二、对多重残疾儿童沟通能力评估的内容

在评估多重残疾孩子的沟通技能时，我们需要查明他对什么样的刺激会有反应及做出反应的方式。以后我们可以据此来发展孩子的基本沟通技能。记住，对于这些孩子来说，通常都不用考虑评估其言语能力。

“嗯……如果不需要考虑言语，那你能告诉我到底要评估什么吗?”

在我们评估一个多重残疾孩子的沟通能力时，我们需要注意以下几方面：

（1）社交技能；

（2）听觉/听力；

（3）视觉/视力；

（4）触觉；

（5）嗅觉；

（6）味觉；

（7）运动能力；

（8）物体恒存概念；

（9）有目的的活动；

（10）模仿动作；

（11）发出声音。

三、评估多重残疾儿童沟通能力时的注意事项

如果可能，应该和家长一起评估孩子。观察他们与孩子的互动，并注意孩子如何对他们做出反应。记住，家长最了解他们的孩子，所以要向家长询问相关问题，并使用家长的经验。

（1）要在自然轻松的环境中进行评估，家长、孩子和你可以自如地工作并一起讨论；

（2）给自己充足的时间进行评估——让其他人不要在评估期间打断你们；

（3）你开始评估前，你需要仔细地读一遍评估表，回想在评估期间需要做的事情；

（4）记住，你的方法要灵活，并根据孩子的具体情况逐步进行；

（5）为了能找到你需要的信息，你自己要和孩子试验活动，让家长也进行不同的活动。（孩子用相同的方法对你和他的家长做出反应吗？仔细观察孩子！）；

（6）在你开始评估前，要确定所有你需要的物品都在触手可及之处；

（7）不要催促孩子完成许多不同的活动，而要让孩子逐步地和少量地完成每一个活动；

（8）记住，评估可以分几次进行——不需要一次就完成所有的内容；

（9）如果当天明显地不适合评估，就不要勉强（例如，孩子生病或疲劳，或家长可能想要和你谈论一些其他的事，这样，你可以把评估改到另外一天）；

（10）最重要的是，要对家长和孩子表现出关心（不断鼓励他们试验这些活动，并在他们成功时表扬他们，不要总是去试那些不能成功的活动）。

四、多重残疾儿童沟通能力评估表填写指南

通读一遍关于如何评估多重残疾孩子沟通技能的提示。

拿出你的评估核对表，对于每个评估方面，都要询问家长相关的问题，观察孩子和家长在不同情况下的互动，并在孩子试验不同的活动时，观察他在各个评估方面的能力。

根据你的观察，通过在纵列“是”或“否”的下面画“√”来回答核对表上的问题。

- 在纵列“孩子如何反应?”的下面做上记录。
- 在完成所有的评估方面后，在“是”或“否”的下面画“√”，并记录孩子的反应，就可以停下来了！
- 仔细回顾评估的结果，注意在每个评估方面，你在“是”的下面画的“√”多些，还是在“否”的下面画的“√”多些?
- 在每个评估方面里，用笔把有最多“√”的地方圈起来。

例如：

孩子的能力是那些被圈起来的“是”的方面。

孩子的需要是那些被圈起来的“否”的方面。

然后在总结栏里写下这些内容。

现在，让我们看看下面的评估核对表吧！

注意：用这份核对表替换普通评估表的第3页。

五、多重残疾儿童沟通能力评估核对表

表 3－7　多重残疾儿童沟通能力评估核对表

评估的方面	是	否	孩子如何反应？
社交技能： ● 当你对孩子说话时，他看着你吗？ ● 孩子有办法告诉你他想要什么吗？ ● 孩子有办法告诉你他不想要什么吗？ ● 孩子可以认出熟悉的人吗？ ● 孩子和你轮流互动吗？可以微笑、笑、发出声音或玩？			记住，一些孩子不能很好地看和听，那会影响他们在这部分的能力。
听觉/听力： ● 孩子对大的声音有反应吗？ ● 孩子对小的声音有反应吗？ ● 孩子能找到声源吗？ ● 孩子可以认出熟悉的声音吗？ ● 孩子仔细地听声音吗？			
视觉/视力： ● 孩子看着东西吗？ ● 孩子追视东西吗？ ● 孩子最喜欢看什么？ ● 孩子对周围发生的事感兴趣吗？			
触觉： ● 当你触摸孩子时，他有反应吗？ ● 孩子对不同类型的触摸有不同的反应吗？如抚摸、轻拍、摩擦、挠痒。 ● 孩子能抓住东西吗？ ● 孩子感觉东西吗？ ● 孩子用手探究并玩东西吗？			
嗅觉： ● 孩子有喜欢闻的气味吗？ ● 孩子有不喜欢闻的气味吗？ ● 在孩子闻到食物的气味时，他知道吃饭时间到了吗？			

续上表

评估的方面	是	否	孩子如何反应?
味觉: ● 孩子有喜欢的味道吗? ● 孩子有不喜欢的味道吗? ● 孩子吃各种不同质地的食物吗?			
运动: ● 孩子喜欢被移动吗? ● 孩子喜欢剧烈运动吗? ● 孩子喜欢温柔缓慢的运动吗? ● 孩子喜欢被摇动吗? ● 孩子喜欢活动自己的身体吗?			
物体恒存概念: ● 孩子对人和事表现出有兴趣吗? ● 当东西在孩子面前被藏起来时,孩子能注意到吗? ● 把东西半藏起来时孩子会去寻找吗? ● 把东西完全藏起来时孩子会去寻找吗?			
有目的的活动: ● 孩子能抓住东西吗? ● 孩子向东西伸出手吗? ● 孩子知道,如果他发出一个特定的声音,或做出一个特定的活动,就会有特别的事发生吗?如: 如果他发出声音,他的妈妈就会过来; 如果他伸出胳膊,他就会被抱起来; 如果他拉一根拴在玩具上的绳子,玩具就会移动; 如果他向某样东西伸出手,一个人就会给他那个东西。			
模仿动作: ● 如果你模仿孩子的一个动作,他会模仿你吗? ● 孩子模仿你所做的新动作吗? ● 孩子自发地模仿其他人的动作吗?			

续上表

评估的方面	是	否	孩子如何反应?
发出声音: ● 孩子发出声音吗? ● 孩子发出各种不同的声音吗? ● 孩子咿呀学语吗? ● 孩子模仿成人发出的声音吗? ● 孩子在某些时候发出更多的声音吗? ● 孩子会发出声音让别人为他做事吗?			

总结:

- 孩子对什么刺激反应最大?
- 孩子对什么刺激反应最小?

六、多重残疾儿童沟通能力评估核对表样本——以小凯为例

现在让我们看看，一份填完了的核对表是什么样子的。让我们看看小凯吧。小凯 5 岁，可以自己坐，但是不能走路。她有严重的智障，也不能很好地听或看。

表 3－8　多重残疾儿童沟通能力评估核对表（小凯，5 岁）

评估的方面	是	否	孩子如何反应?
社交技能:			
● 当你对孩子说话时，他看着你吗?		√	
● 孩子有办法告诉你他想要什么吗?		√	不高兴或给她不想要的东西时就哭
● 孩子有办法告诉你他不想要什么吗?	√		妈妈的嗓音使她安静
● 孩子可以认出熟悉的人吗?			
● 孩子和你轮流互动吗? 可以微笑、笑、发出声音、玩?		√	

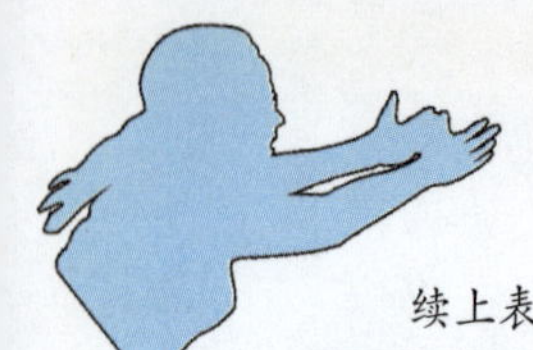

续上表

评估的方面	是	否	孩子如何反应?
听觉/听力:			
● 孩子对大的声音有反应吗?	√		大吃一惊，四肢活动
● 孩子对小的声音有反应吗?		√	
● 孩子能找到声源吗?		√	
● 孩子可以认出熟悉的声音吗?		√	一般通过活动眼睛来表达对声音的反应。
● 孩子仔细地听声音吗?			
视觉/视力:			
● 孩子看着东西吗?		√	仅是短暂地
● 孩子追视东西吗?		√	
● 孩子最喜欢看什么?			妈妈的脸
● 孩子对周围发生的事感兴趣吗?		√	很难说
触觉:			
● 当你触摸孩子时，他有反应吗?	√		活动他的肢体
● 孩子对不同类型的触摸有不同的反应吗? 如: 抚摸、轻拍、摩擦、挠痒。	√		挠痒时肢体僵硬，抚摸时放松 微笑，用毛巾摩擦时微笑
● 孩子能抓住东西吗?	√		
● 孩子感觉东西吗?		√	短暂地
● 孩子用手探究并玩东西吗?		√	
嗅觉:			
● 孩子有喜欢闻的气味吗?			没有固定的反应，但也没有不喜欢的表示
● 孩子有不喜欢闻的气味吗?	√		
● 在孩子闻到食物的气味时，他知道吃饭时间到了吗?	√	√	对刺鼻的味道退缩/发抖
味觉:			
● 孩子有喜欢的味道吗?	√		甜的食物——渴望吃它们
● 孩子有不喜欢的味道吗?	√		酸、苦的食物——缩、作呕、拒绝
● 孩子吃各种不同质地的食物吗?		√	只趋向于吃软的、滑嫩的食物，拒绝需要咀嚼的食物

续上表

评估的方面	是	否	孩子如何反应？
运动： ● 孩子喜欢被移动吗？ ● 孩子喜欢剧烈运动吗？ ● 孩子喜欢温柔缓慢的运动吗？ ● 孩子喜欢被摇动吗？ ● 孩子喜欢活动自己的身体吗？	√ √ √ √	√ √	开始时不喜欢，但是后来很喜欢 身体僵硬，好像害怕 放松，开始微笑 变得安静和放松 做很小的努力活动自己的身体
物体恒存概念： ● 孩子对人和事表现出有兴趣吗？ ● 当东西在孩子面前被藏起来时，孩子能注意到吗？ ● 把东西半藏起来时孩子会去寻找吗？ ● 把东西完全藏起来时孩子会去寻找吗？	√	√ √ √	短暂地对人，但不对东西 东西不见就没兴趣了
有目的的活动： ● 孩子能抓住东西吗？ ● 孩子向东西伸出手吗？ ● 孩子知道，如果他发出一个特定的声音，或做出一个特定的活动，就会有特别的事发生吗？如： 如果他发出声音，他的妈妈就会过来 如果他伸出胳膊，他就会被抱起来 如果他拉一根拴在玩具上的绳子，玩具就会移动 如果他向某个东西伸出手，一个人就会给他那个东西	√ √	√ √ √ √	只有短暂地 刚刚开始 [注意：这些是小凯的反应。记住——每个孩子是不同的，并且会用他们自己独特的方法反应，确保留意孩子的各种反应方式]
模仿动作： ● 如果你模仿孩子的一个动作，他会模仿你吗？ ● 孩子模仿你所做的新动作吗？ ● 孩子自发地模仿其他人的动作吗？	√	√ √	刚刚开始

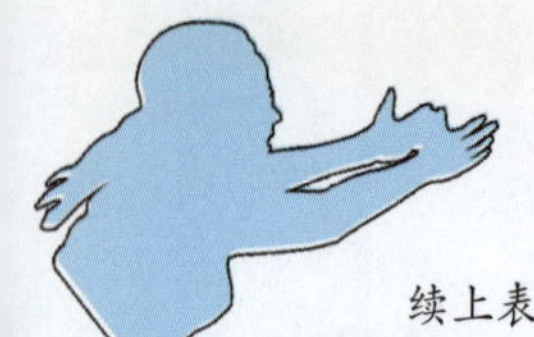

续上表

评估的方面	是	否	孩子如何反应?
发出声音:			
● 孩子发出声音吗?	√		
● 孩子发出各种不同的声音吗?		√	
● 孩子牙牙学语吗?		√	
● 孩子模仿成人发出的声音吗?		√	
● 孩子在某些时候发出更多的声音吗?	√		在洗澡和被挠痒时
● 孩子会发出声音让别人为他做事吗?		√	

总结:

孩子的能力是什么?触觉、嗅觉、味觉、运动。

孩子的需要是什么?社交技能、听力、视力、物体恒存概念、有目的的活动、模仿动作、发出声音。

好的,现在评估已经做完,我们需要考虑目标计划了。在开始做目标计划之前,我们需要仔细考虑我们的目标是什么,以及如何能达到目标。仔细读后面的内容,然后再为小凯制订目标计划。

第 4 章　为多重残疾儿童制订目标计划

第 1 节　目标计划的制订

在上一章里，我们看了如何为有沟通困难的孩子进行评估。现在，我们要看如何制订目标计划。

一、目标计划的基本概念

1. 目标计划是什么意思

评估过后，我们应该考虑孩子需要学习什么新的技能，这就是对孩子的目标。然后我们需要考虑哪些活动可以帮助孩子学习这些新技能，谁可以帮助他完成这些活动。这就是目标计划。

2. 我们为什么需要制订目标计划

制订目标计划能促使我们更精确地考虑孩子需要什么及如何具体地满足这些需要。所以，一份目标计划能提供我们工作的重点和方向。没有目标计划，我们对孩子所获得的成绩或对我们所定下的目标就没有一个衡量标准。一份好的目标计划确保了孩子能够获得进步——这能鼓励到每个人。

3. 什么时候做目标计划

每次评估了孩子的沟通能力之后，我们都应该制订目标计划。正如随着时间的推移我们需要更新对孩子的评估一样，我们也需要更新目标计划。应该不断地评估并制订目标计划。

4. 如何制订目标计划

我们需要做的第一件事是为孩子的能力和需要进行评估。接下来就可以

开始设定目标，并考虑哪些活动能帮助孩子达到所定的目标。

5. 好的目标计划的重要性

好的目标计划的重要性如图 4－1 所示。

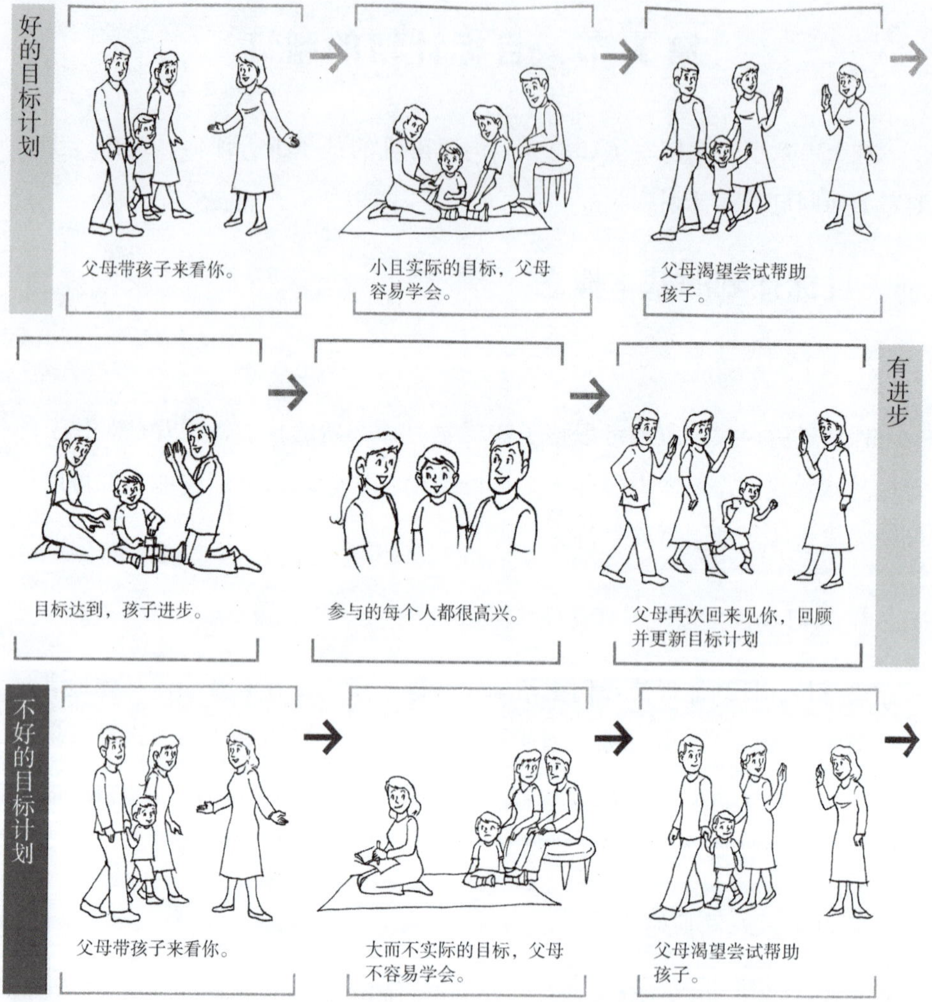

好的目标计划

父母带孩子来看你。

小且实际的目标，父母容易学会。

父母渴望尝试帮助孩子。

目标达到，孩子进步。

参与的每个人都很高兴。

父母再次回来见你，回顾并更新目标计划

有进步

不好的目标计划

父母带孩子来看你。

大而不实际的目标，父母不容易学会。

父母渴望尝试帮助孩子。

续上图

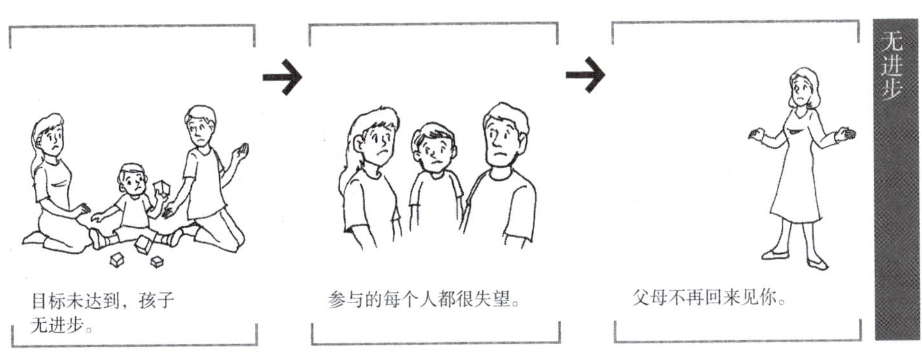

图 4－1　好的目标计划与不好的目标计划

二、制订目标计划指南

（1）根据已经完成的评估表，看孩子沟通技能的各个方面，并注意哪些方面有困难和需要；

（2）他们在哪些方面有困难，就是他们需要帮助的地方，把它们记录在评估表第 4 页“长期目标”的下方，你的长期目标是要改善它们；

（3）决定长期目标中的沟通技能的先后顺序；

（4）想出三四个能帮助孩子发展这些沟通技能的目标，这些将成为你的短期目标（把它们写在评估表“短期目标”的那一栏里）；

（5）现在想出有助于发展这 4 种技能的一些活动（在“如何”一栏里详细描述你所选择的活动）；

（6）在“由谁完成”一栏里，填上谁将与孩子一起完成这些活动；

（7）在目标计划的底部填上你的名字、评估日期及下次评估的时间；

（8）这就是你的目标计划（与孩子的父母一起复习它，并教他们如何在家实施计划）。

在你下次见到孩子和父母时，用评估表和目标计划回顾孩子的进步，以此来更新目标计划。

第2节　目标计划书的填写

现在，我想马上就去填写一份目标计划。记得第3章提到的 John MuPonds 吗？好吧，继续读……

在前一章里，我们完成了 John Muponda 的评估表的第1、2、3页。

现在，我们要用这些信息来为他起草一份适合的目标计划，完成评估表的第4页。

一、目标计划书格式（评估表第4页）

目标

长期目标

提示：改善孩子有困难的沟通技能。可能需要花12个月或更长的时间。

短期目标

确定如何执行？

确定由谁执行

提示：1. 记录4个可以帮助孩子达到他的长期目标的短期目标。我们使用什么活动来达到短期目标，如何把这些活动教给孩子？随着孩子的进步，你需要增加或改变活动。说明由谁为孩子执行活动。确保有人可以负责帮助孩子。

2. 3～6个月时间应该能达到短期目标。

3. 目标3。

4. 目标4。

注意本页：

向父母清楚地解释孩子的长期目标和短期目标的重要性。要确定他们理解同意这些目标，他们也应该知道我们准备如何达到这些目标。

下次复诊时间：

我们准备下次在何时、何地见家长和孩子。

会见者姓名：你的名字

日期：今天的日期

二、目标计划书样本——John Muponda 的案例

目标

长期目标

改善 John 的注意力和听力。

短期目标：（如下表所示）

表 4－1　John 的短期目标

短期目标	如何执行	由谁执行
1. 让 John 对人更有兴趣。（注意力）	对 John 说话时使用有趣的面部表情和声音。当你对他说话时，鼓励他看着你。	所有家庭成员
2. 让 John 对周围发生的事更有兴趣。（注意力）	在日常生活中，让 John 注意他周围发生的事情。对他解释并鼓励他看正在发生的事——例如在你做晚饭时；公共汽车开过时；或你给他洗澡时。	哥哥
3. 在叫 John 的名字时，让他有所反应。（听力）	叫 John 的名字。通过轻轻触摸他的胳臂，鼓励他回过头看着你。	所有家庭成员
4. 让 John 对他周围日常生活中的声音有兴趣。（听力）	鼓励 John 听在他周围的声音。和他谈论这些声音，对他解释如何发出这些声音以及它们的意思。例如磁盘的叮当声意味着吃饭；脚步声意味着一个人走过来。	姐姐

下次复诊时间：

1991 年 10 月 24 日，在 Ruangwe

会见者姓名：V. MUZUVA

日期：1991 年 9 月 24 日

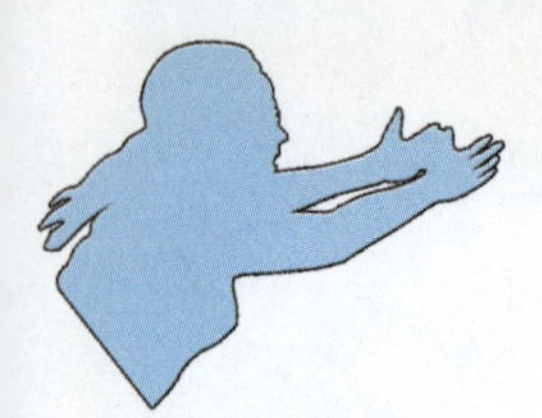

第3节　与父母交流

现在你已经完成了评估表的第4页……

但是，并非就万事大吉了。

要知道，对孩子来说，父母才是最重要的！

所以，要与孩子的父母沟通，要让孩子的父母明确了解要做什么、怎么做。

一、与父母沟通要考虑的问题

想一想：

- 父母认为他们的孩子需要帮助的那些主要方面，我的目标计划考虑到了吗？
- 我有没有把孩子的长期目标和短期目标给父母解释清楚？这样他们对孩子可以达到什么程度才能有实际的想法
- 我所给的目标和活动合适吗？它们在孩子的家中能被实施吗？
- 我为孩子制订的目标是否是循序渐进，且切实可行的？
- 我是否给孩子家人过多的活动让孩子做？或是我只给了少量且更容易执行的活动？
- 我清楚地知道谁会为孩子在家里做这些活动吗？我已经好好地教导了那人吗？

做得好！现在你完成了目标计划和评估表！

但是，请等一下，还有最后一个问题！你一直提到“教导父母”，这很重要吗？我应该怎么教呢？

又一个好问题——我们现在就看看……

教父母如何在家帮助他们的孩子是非常重要的。因为他们是最能帮助到孩子的人——他们和孩子一起生活，他们比我们更了解孩子。

记住，父母是最重要的人！

二、教导父母执行活动的指南

（1）一次只做一个活动；

（2）向父母说明这个活动；

（3）清楚地解释这个活动能如何帮助到孩子；

（4）让父母观看你自己和孩子做这个活动；

（5）然后再让父母来做这个活动；

（6）如果他们所做的不符合你的要求，对他们解释他们在哪里出现了错误，并让他们再做一次；

（7）要求父母向你解释：他们为什么做这个活动，以及这个活动将如何帮助到孩子；

（8）教完了所有活动后，询问父母是否还有问题，以及他们是否理解所有告诉过他们的事情；

（9）如果可能，给父母一张书面目标计划（用他们自己的语言），拿回家与其他家庭成员一起看；

（10）确定你已为父母在孩子的病历卡上记录了回来复诊的时间和地点，并确定在自己的档案上也记录了相同内容。

三、与父母沟通要注意的问题

想一想：

- 父母能否理解他们的孩子所存在的问题；
- 他们对孩子有切实的期待吗？他们知道取得进步需要花时间，且可能是缓慢的吗？——孩子不会立即改变，但他们不要因此就灰心；
- 他们有信心向其他家庭成员和社会解释孩子的问题和需要吗？他们得到了其他家庭成员和社会的支持吗？
- 父母理解你教给他们的活动的目标吗？
- 假如另外一个人将代替父母继续帮助孩子，父母能够有效地教导他吗？
- 如果活动需要使用玩具，他们家里有吗？另外，他们能够每天花些时间和孩子一起做活动吗？向父母强调许多活动是可以在日常生活情景中完成

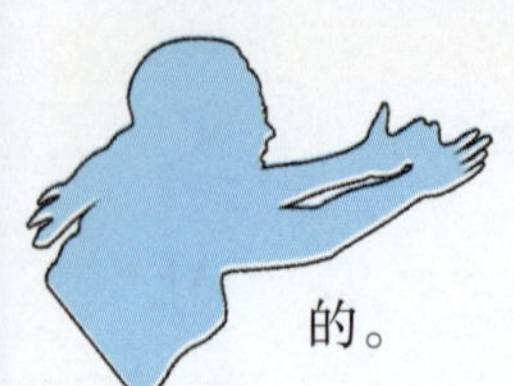

的。

等一下，关于父母，你说了很多。但你却忘了我——孩子，因为我才是最终的学习者，所以如果你想要我学会，你也必须记住：

- 当我尝试时表扬我；
- 对我始终保持一致；
- 有耐心；
- 最重要的是，活动要有趣。

在教给父母目标计划之后，我们需要考虑将来在帮助孩子时，我们自己要扮演什么角色。基本上，我们需要：

- 不断地回顾，看孩子有无取得进步；
- 把我们的技能教给父母。

四、回顾孩子的进步

回顾孩子进步的内容主要包括：

- 询问父母是否执行了你上次教给他们的活动；
- 询问父母是否注意到孩子有任何的改变，并相应地更新评估表；
- 再看一遍为孩子制订的那些目标（有必要的话，重新制定目标并给予新的活动）；
- 当孩子的需要有改变时，把他介绍给其他能帮助他的人；
- 回答父母提出的问题；
- 继续为父母提供鼓励和支援。

你和孩子做了上次我给你们的那些活动吗？

你认为小强在很多方面都有了改变吗？

现在让我们来试一些新的活动……

我应该要强迫我的孩子开口说话吗？

记住，一步一步地来，你的孩子会取得进步的。

记住：

每次在看孩子时，都必须记录下我们所给的建议和孩子所取得的进步。我们也应该记录家庭情况的任何改变，以及任何可能影响到孩子的因素。不要忘记——我们的记录应该要写得非常清楚，这样，以后别人才能看明白！

我们可以把回顾孩子的进步与教导家长的技能结合在一起，其实这也是最好的办法。

家长和孩子的小组活动是达到这些目标的一个有效方法。

五、关于目标计划需要记住的重点

一个好的目标计划，对于指导我们和孩子的工作方向是必不可少的。

- 目标计划必须包括父母的参与——因为他们是最能帮助到孩子的人，所以他们也是最重要的人；
- 目标计划应该根据孩子的特定需要而制订；
- 为了能制订一个好的目标计划，我们首先必须做一个好的评估；
- 目标计划必须是实际的，它由一些小的、可行的步骤组成；
- 通常，一次制订 4 个短期目标就够了；
- 我们所订的短期目标必须与我们想要孩子达到的长期目标有关系，在制订目标时，我们需要仔细考虑首先帮助孩子发展哪些方面的技能——记住那个“沟通房子”；
- 本书提到的方法可以帮助我们制订一个合适的目标计划——使用那些方法吧；
- 我们必须完整地教导父母这些活动；
- 目标计划是一个长期进行的过程，在孩子进步时应该更新目标计划。

第 4 节　为多重残疾儿童沟通能力康复制订目标计划

在第 1 章里我们提到，我们对多重残疾儿童的目标是：

- 让孩子发展良好的体位和动作模式，以此防止他的身体残疾恶化。
- 建立基本的沟通。
- 使父母对孩子日复一日的照顾更容易，更有乐趣。

第 2 章显示，多重残疾儿童也能用自己的方式沟通。

而从第 3 章的多重残疾儿童沟通能力评估核对表的设计中，我们也把多重残疾儿童和其他残疾儿童区别对待了。

因此，对于多重残疾的孩子，我们的目标计划应该是，集中精力把之前描述的简单反应转变成有意义的沟通活动。用这个方法，我们就能在孩子和他们的照顾者之间建立基本的沟通，使孩子能表达他的需要，并对他周围发生的事有一些控制能力。

一、如何把孩子简单的反应转变成有意义的沟通活动

我们的目标是改善家长和孩子之间的沟通。家长一天24小时和孩子在一起，是最了解孩子的人。他们是主要和孩子沟通的人。因此，我们与家长合作来设法改善沟通就显得非常重要的。

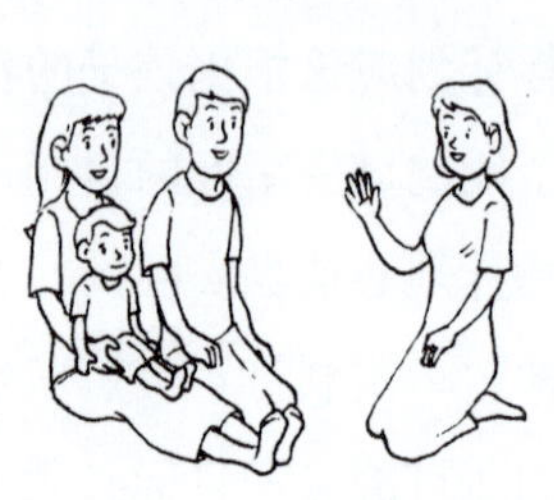

每个孩子都有沟通的需要。我们需要为孩子创造沟通机会，而不是在问都不问的情况下，就给他所有他需要的东西。

通常，我们都不熟悉多重残疾孩子的沟通方法，即使他们在努力沟通，我们也可能会注意不到。由于这个原因，我们要仔细地观察孩子，并注意他为沟通所做出的任何尝试。

续上图

对于孩子在交流过程中所做出的任何尝试给予回应是非常重要的。我们必须及时地、合适地，并一致地做出反应。

为孩子的日常活动做一个时间表，这可以使他意识到哪些活动在什么时候发生和为什么发生。这也可以使他对日常事件有所预料。

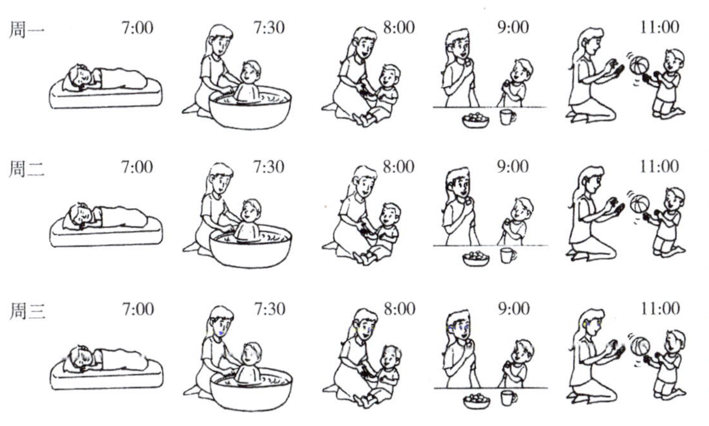

要使孩子能更加明白在他周围发生的事，另一个方法是，通过经常给他一样特别的东西作为一项特定活动的标记。例如，在吃饭前让孩子摸一摸勺子；在洗澡前让他摸一摸肥皂；在游戏前让他摸一摸球。

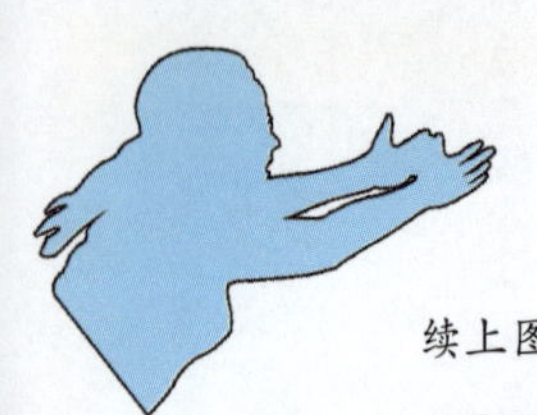

续上图

多重残疾的孩子需要用相同的方法经常重复活动。重复和一致能帮助他学习。所以，在我们给他洗澡时，我们必须总是用相同的方法给他洗澡；在我们喂他吃饭时，我们必须总是用相同的方法喂他吃饭，等等。

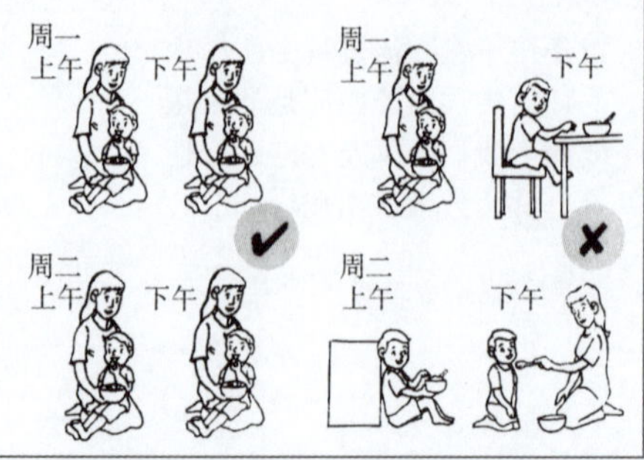

我们必须耐心的对待多重残疾的孩子，给他大量的时间对刺激做出反应。

图 4－2　把简单的反应转变成有意义的沟通活动

记住，我们再说一次，与这些孩子的最佳沟通时机是在日常生活情景中，如洗澡、穿衣、吃饭和游戏——尽量利用这些时间！

二、为多重残疾儿童制订目标计划——以小凯为例

“看了一些能鼓励多重残疾孩子沟通的提示之后，现在，我们可以开始为小凯制订一个具体的目标计划了。我们已经在第 3 章填完了小凯的评估核对表。”

前面一节中我们了解到制订目标计划的一般原则。现在可以回顾一下相关内容，想一想如何为多重残疾儿童制订一个目标计划——可以以小凯为例，想想他的目标计划。

1. 孩子的最大困难是什么？最大需要是什么

思考目标计划的基本方法是：我们首先需要考虑什么是孩子最大的困难，然后再考虑我们的短期目标，并设计一些活动来达到目标。

小凯有最大需要的方面是：

- 社交技能；
- 听觉；
- 视觉；
- 物体恒存概念；
- 有目的的活动；
- 模仿动作；
- 发出声音。

记住，每个多重残疾的孩子都是不同的，他们的需要也不同——小凯只是一个例子而已。对于所有多重残疾的孩子，我们的长期目标是改善他们的沟通。要达到目标，我们需要以小的步骤来制订计划，并且要有耐心。

虽然小凯有许多方面的需要，但我们无法立刻面面俱到地帮助他。我们应该先选择 3 个有需要的方面，然后开始从这些方面慢慢地、持续地帮助他。只有等以后，他在这些方面表现出有进步时，我们才可以开始帮助其他的方面。

所以，重点就是要慢慢地、逐步地前进。

2. 从“沟通”的角度考虑该为儿童制订什么样切实的目标方案

在继续往下看之前，请告诉我，我们可以再次使用“沟通房子”来帮助我们给小凯这样的孩子制订目标计划吗?

嗯，我们可以在某种程度上使用这个方法，但是由于大多数多重残疾孩子的发育还处于早期阶段，所以，我们需要用稍微不同的方法来看“沟通房子”

记住“沟通房子”是如何从地基到油漆被建立起来的。如图所示，我们把多重残疾孩子的各方面放到“沟通房子”上。注意它们是最初期的技能，对于房子的地基，注意力的发展是非常重要的。孩子必须具备一些这样的初期技能，注意力和“沟通房子”的其他砖块才可以发展。正因为如此，通常在我们帮助多重残疾的孩子时，在考虑“沟通房子”的其他方面之前，我们必须集中精力于帮助改善这些非常早期的技能。

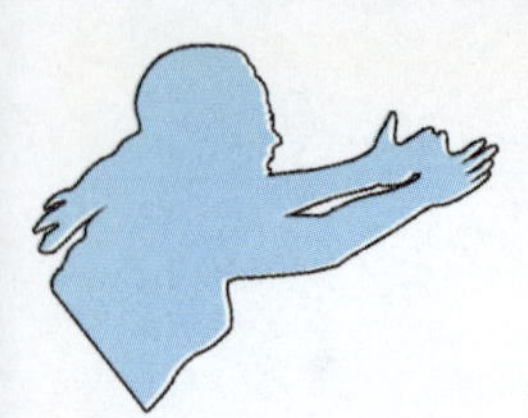

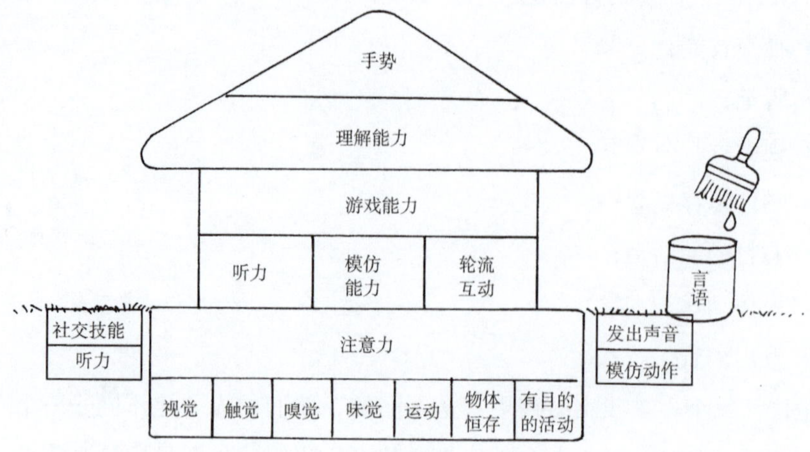

图4－3　“沟通房子”与多重残疾

对于像小凯那样的孩子，“沟通房子”对我们的帮助在于它能使我们更清楚地知道，我们需要在哪个水平上来帮助他们。在没有稳固地建立起那些非常早期的阶段之前，我们不能考虑去建立“沟通房子”的其他方面。

记住：这一点很重要，一些孩子的发展可能永远无法超越那些早期阶段，但是他们总是可以用他们自己的方式来沟通。

3. 制订目标计划

好吧！我们现在就去看看小凯和他的目标计划……

下面是小凯目标计划的例子。通过我们的评估，我们已经了解了他主要的需要。我们从中选了3个方面来开始工作：社交技能、听觉/听力、视觉/视力。

长期目标：

建立基本的沟通

表4－2　小凯的短期目标

短期目标	如何执行	由谁执行
1. 建立社交技能	把小凯抱近，扮有趣的鬼脸，发出有趣的声音，帮助他用手感觉你的脸，鼓励他看着你。	妈妈和爸爸

续上表

短期目标	如何执行	由谁执行
2. 建立社交技能	喂小凯吃饭，在他吃饱之前停下来。观察他为了得到更多食物，会有什么表示。然后注意他吃饱了又有什么表示。对他发送的信息做出适当反应。	妈妈和爸爸
3. 建立听觉技能	收集几种能发出不同声音的东西，轮流摇动它们来帮助小凯听各种声音。	哥哥和姐姐
4. 建立视觉技能	在明亮发光的东西上拴一根绳子，在小凯的前面来回晃动，这样他可以看到。帮助小凯伸手去拿和打这个物品。	全家人

下次复诊时间：　　　　　　　　会见者姓名：Freddie Ncube

2012 年 5 月 1 日　　　　　　　日期：2012 年 4 月 3 日

这是小凯的目标计划。随着时间的推移，在小凯学会新技能之后，目标可能会改变，然后我们再继续帮助他其他的方面。改变可能是缓慢的，所以记住，要有耐心。

在下一章里，我们会介绍各种达成这些目标的活动和方法。

第 5 章　改善沟通技能的活动方法

在评估孩子的沟通困难并制订了沟通目标之后，我们就要考虑采用什么方法才能改善孩子的沟通技能。本章介绍常用的改善沟通技能的活动方法。因为多重残疾儿童可能需要发展不同的沟通技能，因此，本章对各种沟通技能发展的活动都有一些介绍。下章则讨论适用于多重残疾儿童的一些专门的活动方法。

第 1 节　沟通技能要素

一、沟通技能各要素

好，我想我现在明白了。但我还有一些问题想问你：你说我们应该决定从哪些困难的方面开始帮助，但是如果孩子在许多方面都有困难，我们要如何选择呢？

问得好。让我这样来回答你的问题：有一个可以帮助你做决定的方法是，我们需要了解孩子沟通技能的组成就像房子的构造一样……记住，关于这一点我们在第一章里已经看过了。……

沟通技能各要素，见此前曾提到过“沟通房子”：

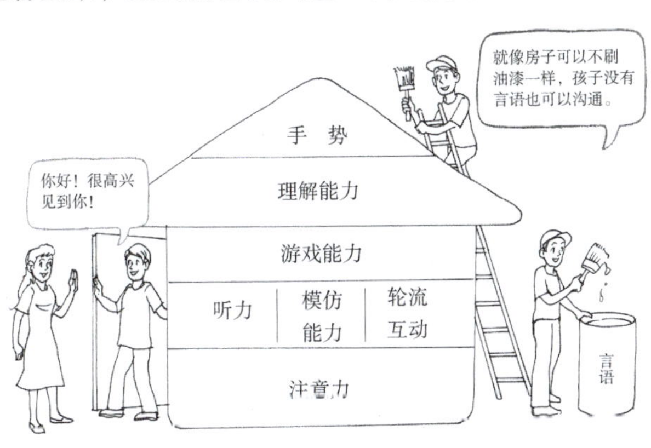

图 5－1　“沟通房子”

就像我们用一块块的砖建筑房子一样，孩子的沟通也由一个个的技能组成。在沟通所需要的各种能力中，注意力是房子的地基，它是最重要的技能。若没有它，孩子学习其他沟通所需的技能就会很困难。

我们把听力、模仿能力、轮流互动和游戏能力作为建房子的砖块，它们能帮助孩子建立理解能力并使用手势。理解能力和手势构成了房顶。我们把言语作为房子的油漆。这是一个完整的“沟通房子”。在看一个孩子某方面有困难时，我们需要记住建筑房子的顺序。首先是地基，然后是砖块，接着是房顶，最后是油漆。这也是建立沟通技能的顺序，我们应该按照它们的顺序进行工作。

所有的沟通技能是在孩子出生后慢慢发展并相互依靠的，记住这一点很重要。没有一个沟通技能可以独立发展，一个技能的发展很可能同时也发展其他的技能。

所以，通过建立所有的这些技能，我们就能够为孩子的沟通打开了一扇门。

二、优先考虑的沟通技能

那么，回到你的问题——如果孩子在许多方面都有困难，记得“沟通房子”是如何建立的，这将帮助你决定先从哪个方面开始工作。让我们来想想John Muponda——他在注意力、听力，游戏能力、理解能力和使用手势方面都有困难。我们应该选择从注意力和听力两方面着手帮助他，因为它们是“沟通房子”的基础。在这些技能发展得比较好之后，我们再改进其他方面。还有别的问题吗？

我的第二个问题是，在决定了首先集中精力于帮助哪个方面后，我们如何知道要给予孩子什么活动去建立哪方面的技能呢？

又是一个好问题！有时候，考虑要给孩子的活动是不容易的，但如果你继续往下读，在后的几页里你会发现很多方法。

下面我们会讨论各种不同沟通技能所需要的活动设计。

这些沟通技能包括注意力、听力、轮流互动和模仿、游戏能力、理解能力、手势和言语。

这些活动的设计是与沟通评估表同时使用的。如评估表中的各栏所示，这些活动按相同的发育阶段被分类。

你会注意到一些活动将重复出现多次。这是因为一个活动可以帮助改善许多不同的技能。

所有的活动只使用日常生活用品及日常生活情景，并不需要昂贵的设备！

记住，这些活动只是给你提供了一些活动方法的建议——你和孩子的家长也能想出很多同样好的活动。

现在让我们详细地看看针对每个沟通技能的活动方法。

第2节 针对注意力的活动方法

注意力是孩子对周围的人或事能集中精力的能力。

为了学习任何一种新技能，孩子都需要有良好的注意力。

注意力的发展在孩子一出生，第一次看到妈妈的脸时就开始了。它发展成可以长时间专注于一件事的能力。

“注意力”的头两个阶段是集中精力于鼓励孩子对人和情景表现出更多的兴趣。

在以后的阶段，还将集中精力于鼓励孩子对在他周围所发生的事感兴趣，并能长时间集中注意力在更复杂的活动上。

1. 0～6个月儿童注意力培养方法

图5 2 0～6个月儿童注意力培养方法

2. 6～12 个月儿童注意力培养方法

第二阶段　6~12个月

有人路过时，对你的孩子解释。

鼓励孩子看着你，告诉他你正在做什么。

在孩子的旁边滚动一个球并鼓励他去看。

使你的脸表现出高兴/伤心。

图 5－3　6～12 个月儿童注意力培养方法

3. 12～18 个月儿童注意力培养方法

第三阶段　12~18个月

为孩子指出噪音和附近的声音。

做声音配合动作的游戏。

用日常生活用具做假想性游戏。

把东西藏起来，并鼓励孩子去寻找。

图 5－4　12～18 个月儿童注意力培养方法

4. 18 个月到 3 岁儿童注意力培养方法

第四阶段　18个月~3岁

搭积木

1、2、3……推！

把石子放进罐子里。

把它放进去。

跳舞并唱简单的歌。

啦、啦、啦

要求孩子去拿物品。

拿你的杯子。

去拿你的鞋。

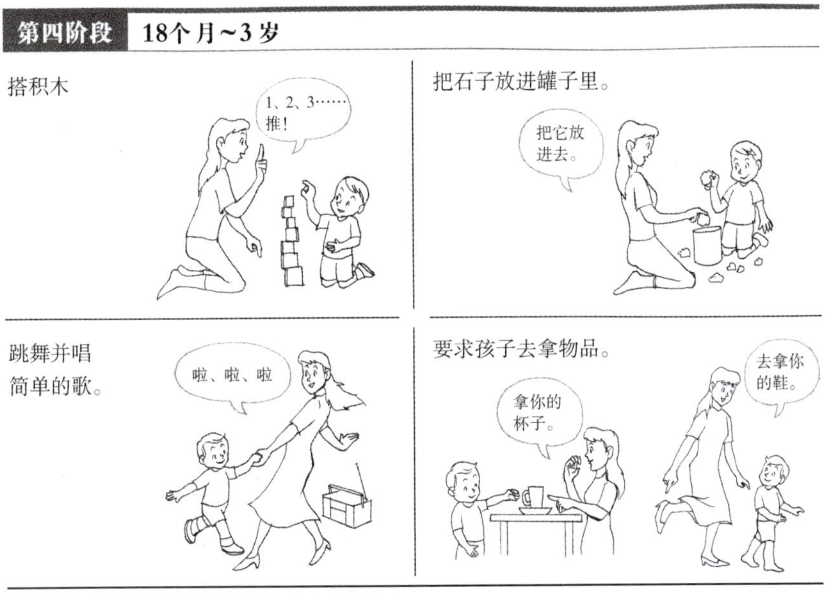

图 5－5　18 个月～3 岁儿童注意力培养方法

5. 3～5 岁儿童注意力培养方法

图 5－6　3～5 岁儿童注意力培养方法

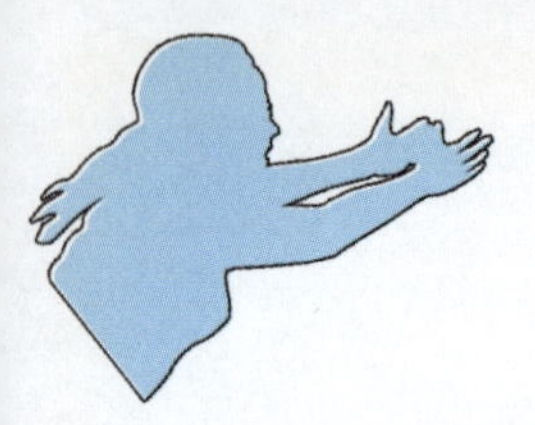

第3节 针对听力的活动方法

听力是孩子能仔细听声音和言语的能力。

如果孩子要学习和理解口头语言，就需要有仔细聆听的能力。

孩子一出生，对周围所有声音有意识，并开始对它们做出反应时，听力就开始发展了。之后就发展成为有选择性的聆听的能力。

“听力”的头两个阶段集中精力于鼓励孩子去倾听所有声音和跟别人说话的声音。

以后的阶段是要鼓励孩子更仔细地聆听，以此帮助他理解声音和言语。

1. 0～6个月儿童听力培养方法

图5-7 0～6个月儿童听力培养方法

2. 6～12 个月儿童听力培养方法

第二阶段　6~12个月

摇晃铃铛。

鼓励你的孩子听不同的声音。

做有旋律的歌曲的手指游戏。

谈论一个物品。

图 5－8　6～12 个月儿童听力培养方法

3. 12～18 个月儿童听力培养方法

第三阶段　12~18个月

让他拿他所知道的物品。

说出身体部位的名字，让他去摸。

做游戏时发出各种声音

给他选择的机会。

图 5－9　12～18 个月儿童听力培养方法

4. 18 个月～3 岁儿童听力培养方法

第四阶段 18个月~3岁

告诉他你在干什么。

搭积木，然后再推到。

做有音乐感的敲打。

重复简单的旋律。

图 5－10　18 个月～3 岁儿童听力培养方法

5. 3～5 岁儿童听力培养方法

第五阶段 3~5岁

鼓励他仔细听各种不同的声音。

做他需要仔细听自己名字的游戏。

发出高的和轻的声音并让他模仿。

做购物游戏。

图 5－11　3～5 岁儿童听力培养方法

第 4 节 针对轮流互动和模仿能力的活动方法

轮流互动和模仿能力是孩子在游戏过程中与别人轮流互动，并重复其他人的动作、声音和单词的能力。

为了能与其他人相互影响，孩子需要有轮流互动的能力。他必须可以模仿，才能学习新技能。

在孩子还小的时候，他的轮流互动和模仿能力就已经开始发展了。当妈妈重复孩子的动作和声音时，孩子也会反过来模仿妈妈的声音和动作。

轮流互动和模仿能力的头两个阶段集中精力于通过在简单游戏中与其他人直接接触来发展。

以后的阶段集中精力使孩子参与更复杂的活动，这需要更好的合作能力和理解能力。

1. 0～6 个月儿童轮流互动和模仿能力的培养方法

图 5－12 0～6 个月儿童轮流互动和模仿能力的培养方法

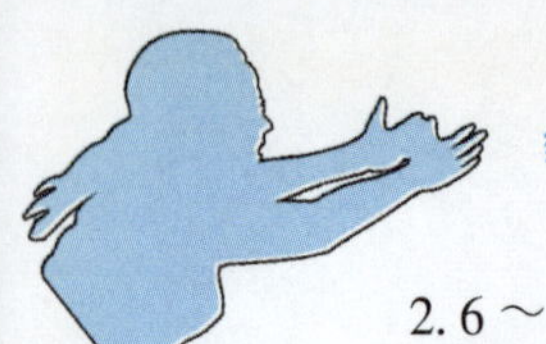

2. 6～12 个月儿童轮流互动和模仿能力的培养方法

第二阶段　6~12个月

使穿衣服变得有趣。

玩躲猫猫的游戏。

做手指和手的游戏。

逗彼此笑。

图 5－13　6～12 个月儿童轮流互动和模仿能力的培养方法

3. 12～18 个月儿童轮流互动和模仿能力的培养方法

第三阶段　12~18个月

帮助孩子去模仿你。

有旋律地敲响一个锅，轮流互动。

做拍手游戏。

模仿孩子。

图 5－14　12～18 个月儿童轮流互动和模仿能力的培养方法

4. 18 个月～3 岁儿童轮流互动和模仿能力的培养方法

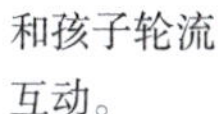

第四阶段　18个月～3岁

和孩子轮流互动。

挥手再见。

做听指令、做动作的游戏。

鼓励他尝试模仿言语。

图 5－15　18 个月～3 岁儿童轮流互动和模仿能力的培养方法

5. 3～5 岁儿童轮流互动和模仿能力的培养方法

第五阶段　3～5岁

让孩子帮助你。

与其他小朋友一起玩球。

做“捕捉”的游戏。

一起唱押韵诗和歌曲。

图 5－16　3～5 岁儿童轮流互动和模仿能力的培养方法

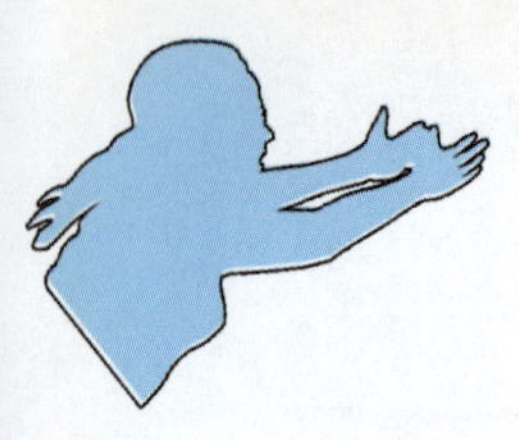

第5节　针对游戏能力的活动方法

游戏能力是孩子借助环境中的人和事，以一种有想象力、创造力和令人愉快的方法学习的能力。

孩子的游戏能力是必不可少的，因为通过游戏他能学习到沟通所需要的所有其他技能。

游戏能力在孩子一出生，喜欢自己发出声音并聆听声音，以及看并触摸脸就开始发展了。它能发展到可以参与复杂的、有规则的游戏的能力。

“游戏能力”的头两个阶段集中精力于教孩子一些简单的游戏——只需一个同伴，并使用简单物品的游戏。

以后的阶段则着眼于更有想象力的玩乐和更复杂的游戏。

1. 第一阶段　0～6个月儿童游戏能力的培养方法

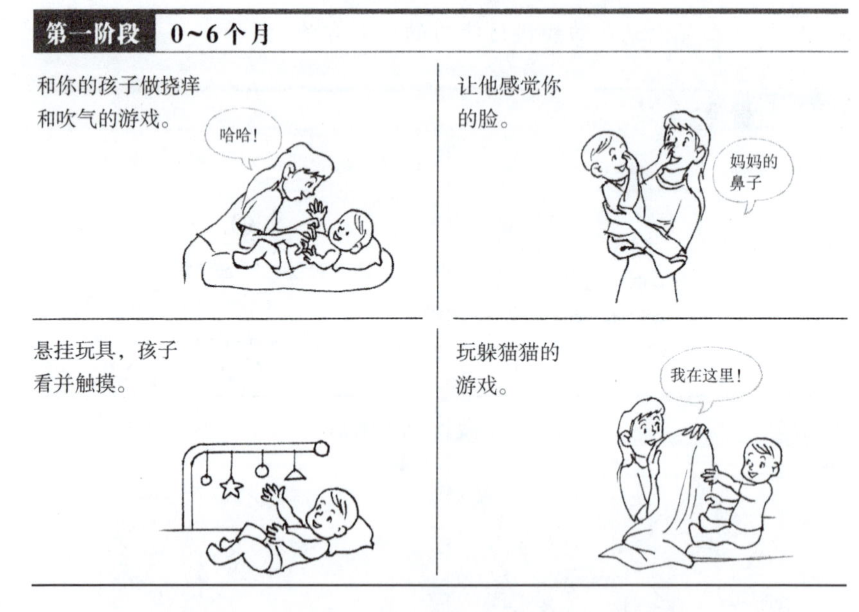

图5-17　0～6个月儿童游戏能力的培养方法

2. 第二阶段　6～12 个月儿童游戏能力的培养方法

第二阶段	6~12个月

做手指游戏。

做“身体游戏”——摇晃、举起、挠痒。

给他物品握着，然后谈论物品。

让他感觉许多不同的玩具。

图 5－18　6～12 个月儿童游戏能力的培养方法

3. 第三阶段　12～18 个月儿童游戏能力的培养方法

第三阶段	12~18个月

用线拴着玩具让孩子拉。

让玩具消失不见，然后再出现。

敲打锅或盒子。

互相推球、拍球。

图 5－19　12～18 个月儿童游戏能力的培养方法

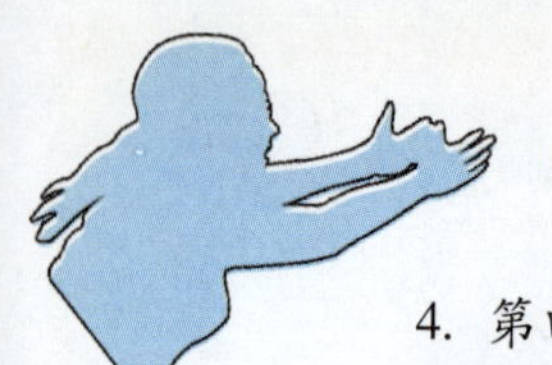

4. 第四阶段　18 个月～3 岁儿童游戏能力的培养方法

第四阶段　18个月~3岁

一起堆积木或木块。

做手指木偶游戏。

在沙地或土地上用盒子或硬纸箱做游戏。

玩水。

图 5－20　18 个月～3 岁儿童游戏能力的培养方法

5. 第五阶段　3～5 岁儿童游戏能力的培养方法

第五阶段　3~5岁

藏一些物品到袋子里，让他去摸并猜是什么东西。

跨越障碍行走。

用泥做各种动物的造型。

做把东西置入盒子里的游戏。

图 5－21　3～5 岁儿童游戏能力的培养方法

第 6 节　针对理解能力的活动方法

理解能力是孩子可以明白别人、情景和语言的能力。

为了参与沟通，一个孩子需要能够理解单词、手势和情景。

理解能力在孩子一出生，并开始明白他所看到和听到的事物时就开始发展了。它能发展成理解成人语言和复杂情景的能力。

“理解能力”的头三个阶段集中精力于促进孩子对日常生活情景有简单的理解。第四和第五阶段则注重对单词和简单句子的理解。

1. 第一阶段　0～6 个月儿童理解能力培养活动方法

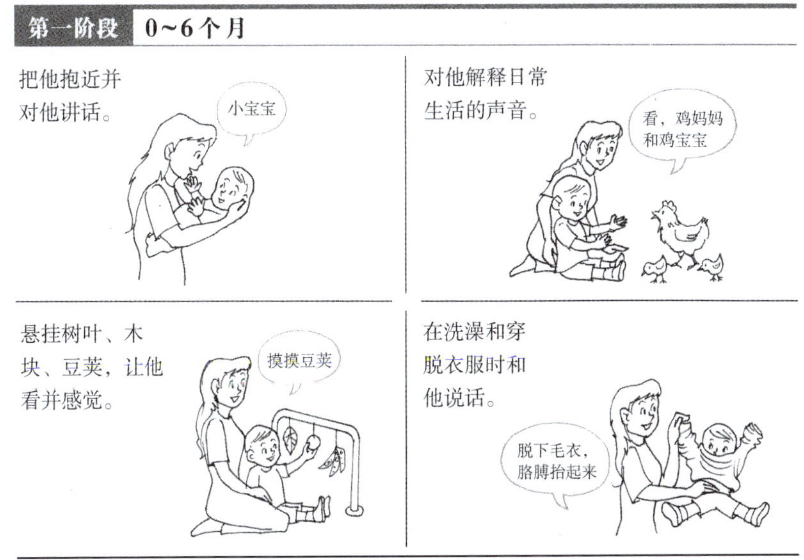

图 5－22　0～6 个月儿童理解能力培养活动方法

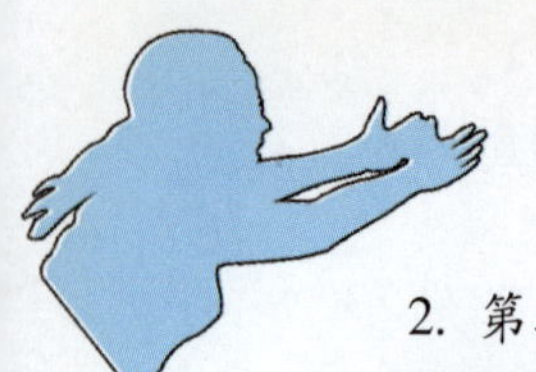

2. 第二阶段 6～12 个月儿童理解能力培养活动方法

第二阶段 6~12个月

对他解释日常生活中的声音。

经常同时使用手势和言语。

等孩子提出要求。

让他重复你所做的事情。

图 5－23 6～12 个月儿童理解能力培养活动方法

3. 第三阶段 12～18 个月儿童理解能力培养活动方法

第三阶段 12~18个月

帮助他做假想性游戏。

假装喂洋娃娃和别人吃饭。

要求他为你取东西。

给他差事做。

图 5－24 12～18 个月儿童理解能力培养活动方法

4. 第四阶段和第五阶段　18 个月～5 岁儿童理解能力培养活动方法

一个孩子需要理解许多不同类型的单词。这里有一些例子。

在每一栏里选择一些单词并帮助孩子理解它们。经常在游戏及日常生活情景中使用它们。首先选择那些能表达孩子需要和兴趣的词汇。然后再慢慢地增加。不要催促孩子，也不要强迫他说。

人物	东西	社交	动作	形容词
妈妈	牛奶	再见	吃	大
爸爸	水	你好	洗	小
孩子的名字	杯子	谢谢	睡觉	好
奶奶	盘子	不	坐	坏
爷爷	球	是	喝	硬
阿姨	头	我要	去	软
我	手	哪里	来	漂亮
你	腿	这里	拿	甜
我的	汽车	那里	摸	粗
你的	桌子	什么	走	滑

图 5－25　18 个月～5 岁儿童理解能力培养方法

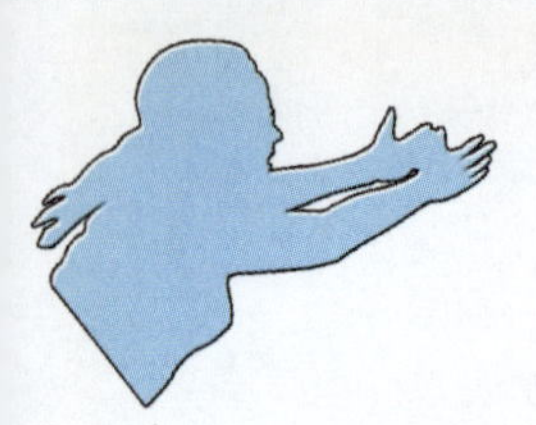

第 7 节　针对手势的活动方法

一、什么是手势

在交流中我们都会运用到手势。手势是双手、身体和脸部有意义的动作，是孩子使用身体动作、姿势和面部表情去沟通信息的能力【注意，这里的“手势”不仅仅是“手”的动作，也包括各种身势语】。

- 手势可以用于传达信息——例如，拍手说“谢谢”，挥手说“再见”。
- 只要其他人理解它的意思，任何身体动作都可以称为手势。

二、手势与手语的不同

听力损伤的孩子使用的手语，和这里说的手势有什么区别？这是一个非常好的问题！手语本身是一种复杂的语言，就像口语语言一样有自己的规则；手语是听力损伤人士的母语。而手势不是一个正式的语言系统。它是我们所有人都使用的，在某种程度上能使我们的口语信息表达得更清楚的符号。手势是不遵循任何特定规则的。

哦！我现在知道什么是“手势”了。我也了解了同时使用口语和手势可以帮助智力障碍孩子更容易地理解，并更有效地表达自己。但是我在想……一个孩子如何学习使用手势呢？

事实上，孩子学习使用手势的方法与学习使用单词的方法是相似的。现在，让我们先考虑孩子如何学习理解和使用手势。

三、不同年龄段孩子的手势能力的培养

“手势”的头三个阶段（0 ～ 18 个月）集中精力于鼓励孩子在日常情景中使用简单的手势。第四和第五阶段（18 个月到 5 岁）着眼于更多便于沟通的特定手势的使用。

1. 第一阶段　0～6 个月儿童手势的培养方法

第一阶段	0~6 个月
做有趣的表情来让他看。	互相微笑。
视线接触。	指出有趣的事物。

图 5－26　0～6 个月儿童手势的培养方法

2. 第二阶段　6～12 个月儿童手势的培养方法

第二阶段	6~12 个月
帮助他向东西伸出手。	给他东西让他伸手拿。
谈论你们看到的东西，并用手指向他们。	做手指游戏。

图 5－27　6～12 个月儿童手势的培养方法

3. 第三阶段　12～18 个月儿童手势的培养方法

第三阶段　12~18个月

挥手说再见和你好。

再见

对你的孩子解释如何拍手。

你想要这个吗？

拍拍手

让他只想他想要的东西。

你想要杯子吗？

给他东西并谈论它们。

杯子在这里，喝口水。

图 5－28　12～18 个月儿童手势的培养方法

4. 第四阶段和第五阶段：18 个月～5 岁儿童手势的培养方法

在自然的日常生活情景中，说话的同时使用手势。在孩子尝试使用手势时，你要立即做出回应，并表扬他。和孩子接触的每个人都应该知道那些他所使用的手势，并且也努力地使用它们。

这里有一些你可以使用的手势的例子：

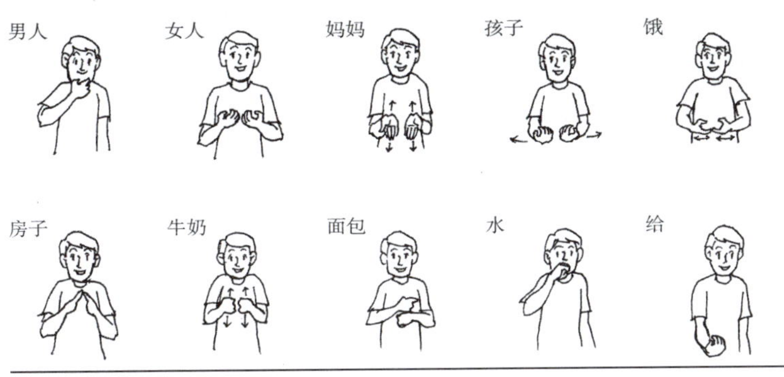

图 5－29　18 个月～5 岁儿童手势的培养方法

第 8 节　针对言语能力的活动方法

言语是孩子发出声音并把它们放在一起形成单词，然后再组成句子的能力。

孩子需要能够使用声音或言语作为表达自己的方法。

言语在孩子一出生发出咕咕声和咿呀声时就开始发展了。它能发展成所有发出的言语声音，并把它们放到一起形成可以理解的单词和句子的能力。

“言语”的头三个阶段集中精力于鼓励孩子在有趣的情景中使用声音和单词。以后的阶段需要孩子自己说出单词和句子，并使用它们来进行沟通。

1. 第一阶段　0～6 个月儿童言语能力的培养方法

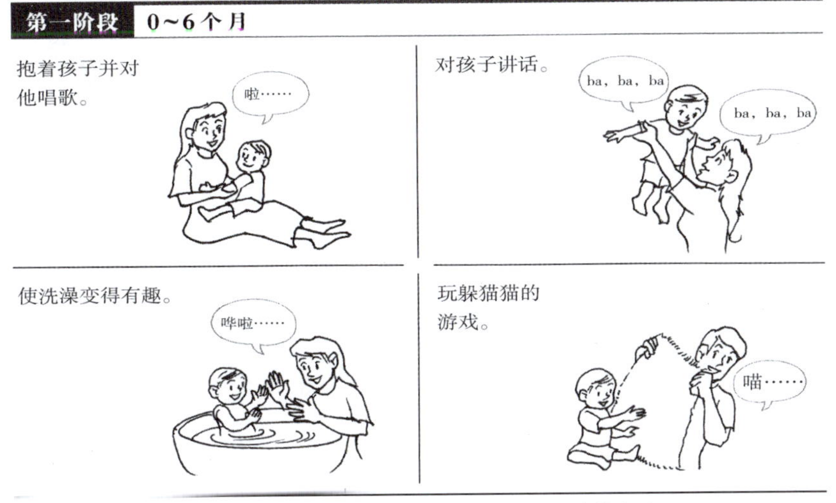

图 5－30　0～6 个月儿童言语能力的培养方法

2. 第二阶段　6～12个月儿童言语能力的培养方法

第二阶段　6~12个月

对孩子说话时，使自己与他在同一水平线。

对他的声音做出反应。

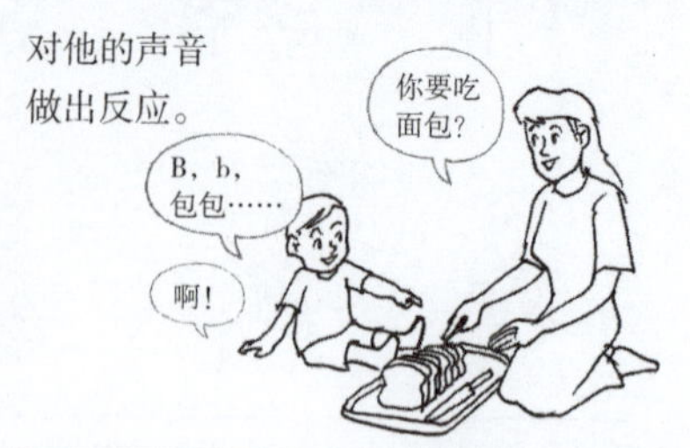

使用声音和面部表情。

使用拟声词。

图5－31　6～12个月儿童言语能力的培养方法

3. 第三阶段　12～18个月儿童言语能力的培养方法

第三阶段　12~18个月

做有声音的游戏。

在你说话时，使你的声音有高低起伏。

孩子发出声音时注意它并重复它们。

哈哈……

哈哈……

指向声音并且自己也发出这个声音。

图5－32　12～18个月儿童言语能力的培养方法

4. 第四阶段　18 个月～3 岁儿童言语能力的培养方法

第四阶段　18个月~3岁

在镜子前扮鬼脸并发出声音，让孩子模仿。

帮助他对想要的东西做出请求。

给孩子选择的机会。

在袋里放好玩的东西，让孩子拿出并说出名字。

图 5－33　18 个月～3 岁儿童言语能力的培养方法

5. 第五阶段　3～5 岁儿童言语能力的培养方法

第五阶段　3~5岁

向他强调某些单词以帮助他学习。

藏起一件物品，并询问他什么东西不见了。

教导并演示动词。

对他讲众所周知的故事。

图 5－34　3～5 岁儿童言语能力的培养方法

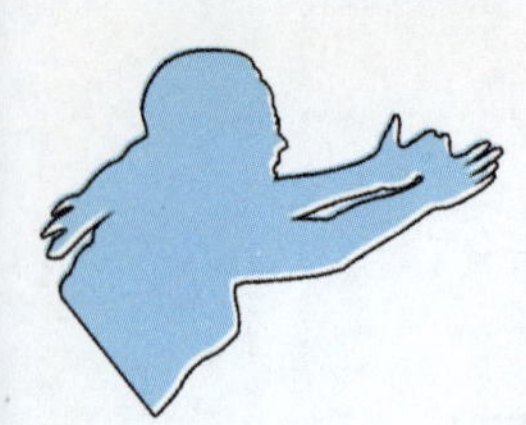

第 9 节　活动方法使用指南

在介绍了许多活动方法之后，现在我们要看如何在目标计划中具体地使用它们。

活动方法使用指南：

（1）评估完成后，我们要决定孩子需要被帮助的沟通技能（记住，你的长期目标是发展这些技能）；

（2）制订 3 个或 4 个能帮助到那些沟通技能方面的目标——短期目标；

（3）查看相关“活动页”，从中选择一个活动方法以达到每个短期目标；

（4）选择的活动要适合孩子的能力水平（查阅核对表，看孩子在各方面的能力属于哪个阶段）；

（5）现在，和孩子试试这些活动，以确保它们是合适的（活动应该既不太难也不太容易）；

（6）如果你对所选择的活动比较满意，就把它们写在目标计划上，并把这些活动教给孩子的父母；

（7）另外，随着孩子的进步，你需要增加或改变活动。

第 6 章　多重残疾儿童的沟通能力康复活动

第 1 节　适合多重残疾儿童的专项沟通能力康复活动

本节介绍一些多重残疾儿童可以使用的沟通能力康复活动。请注意，下列活动中有一些可能不适合某些孩子，比如，太多的运动或摇摆对那些有痉挛倾向或肌肉张力高的孩子可能会造成伤害。让医生检查，了解有什么活动可能会对你所帮助的孩子有伤害。

现在就和孩子一起做这些活动吧！

活动1：把孩子抱近，扮有趣的鬼脸，发出有趣的声音。把他的手放在你的脸上，帮助他用手感觉你的脸，并且看着你的眼睛。		所发展的技能：社交、视觉 / 视力、触觉
活动2：给孩子选择的机会，如先给孩子喝冷水，然后喝热水；给他甜的食物然后再给咸的。做每个活动时都要注意他对喜欢的和不喜欢的东西的反应。无论他表示喜欢或不喜欢，你都要做出适当的回应。		所发展的技能：社交、触觉、味觉、有目的的活动

续上图

活动	图示	所发展的技能
活动3：在喂孩子饭时，在他吃饱之前停下来。观察他为了得到更多，有什么表示。继续喂他直到他表示他已经饱了。注意他如何表示自己饱了。经常给他机会去表示他想要什么、不想要什么，并做出适当的反应。		所发展的技能：社交、有目的的活动
活动4：和孩子一起做游戏，把他放在你的腿上，摇他、给他挠痒、抖动他。这样做几次之后停下来，等待看他是否有想要继续的表示。然后继续，再次停止。这样，在孩子发出一个信号，你做出反应时就建立了轮流互动。这也是一种“对话”。		所发展的技能：社交、有目的的活动、触觉、运动
活动5：收集各种能发出不同声音的东西，例如：罐子里的石子，盒子里的沙子、铃铛，塑胶罐子里的种子。做能鼓励他听不同声音的游戏。帮助他自己摇动发出声音的东西。		所发展的技能：听觉／听力、触觉
活动6：抱着孩子，这样你对他说话时，你的嘴巴能接近他的耳朵。使用欢快的、有趣的，变化多样的声音鼓励孩子去听。		所发展的技能：听觉＼听力
活动7：给孩子唱歌。抱着他，随着歌曲的旋律摇动他。		所发展的技能：听觉＼听力、运动

续上图

活动8：再次使用发出声音的东西。这次从不同的方向发出声音，鼓励孩子寻找声源。		所发展的技能：听觉／听力
活动9：吸引孩子注意每天出现在他周围的不同声音，例如收音机的声音、汽车的声音、驶来的公共汽车的声音、飞机从头顶飞过的声音、婴儿的哭声、孩子的游戏声、水流声。		所发展的技能：听觉／听力
活动10：给孩子演示如何敲打锅或鼓，使它发出响声。帮助他轻轻地敲出一个较小的声音，再敲出一个大的声音。他会意识到通过运动自己的手，他可以使声音发出来。		所发展的技能：听觉／听力、使事情发生、模仿、触觉
活动11：和孩子一起做手指节奏的游戏，在你说出一个旋律或唱出一首歌时，给他挠痒并触摸他的手。		所发展的技能：听觉／听力、触觉

续上图

活动12：找一大块塑胶布或其他摸起来会发出声音的材料。让孩子躺在上面。帮助他运动，这样塑胶能发出声音。鼓励他听，然后再次运动身体。他会意识到通过运动自己的身体，他可以使声音发出来。		所发展的技能：听力、触觉、运动、使事情发生
活动13：从房间里找一些明亮发光的物品。把它们拿给孩子看。如果他不看，就把物品移到他的视线内，或移动他的头帮助他看到物品。来回移动那个物品，鼓励孩子用眼睛追视。让孩子感觉并探究物品。		所发展的技能：视觉／视力、触觉
活动14：用一些明亮的物品做一个可随风摆动的运动饰品，把它挂在孩子能看到的地方。然后将孩子的注意力吸引到那些移动的物品上。		所发展的技能：视觉／视力
活动15：把一个有趣的物品拴在一根绳子或松紧带上。在孩子面前来回摇晃，这样可以让他看到。把它吊在孩子可以碰到的地方，帮助他用手打那个物品，使它摇晃。		所发展的技能：视觉／视力

续上图

活动	图示	所发展的技能
活动16：带孩子去一个地方，在那里可以看到许多发生在周围的事，及人们所做的事，而不要留孩子独自一人躺在房间里。使他安全地以这个体位坐好，和他谈论所有发生的事。		所发展的技能：视觉／视力、社交
活动17：在孩子的腋窝下放一条卷起来的毛巾，让孩子俯卧在上面，把玩具放在他的视线内，用它们做游戏，发出适当的声音。如动物或汽车的声音，在你游戏时，鼓励他看和听，如果可以，也参与。	 	所发展的技能：听力、视觉／视力、触觉
活动18：找出许多不同质地的物品，如光滑柔软的布块、粗糙的布块、毛织品、砂纸、纸、地毯。让孩子用手触摸这些物品，感觉它们。再让他用身体的不同部位去感觉。	 	所发展的技能：触觉
活动19：用几块不同质地的布块做成一本“书”，每页都有不同的质地。也可以用一块木版，在上面布置不同质地的布块。你可以在上面加上其他有趣的材料，如扣子、垫子、铃铛、聚苯乙烯材料的物品。让孩子用手触摸这些不同质地的物品。	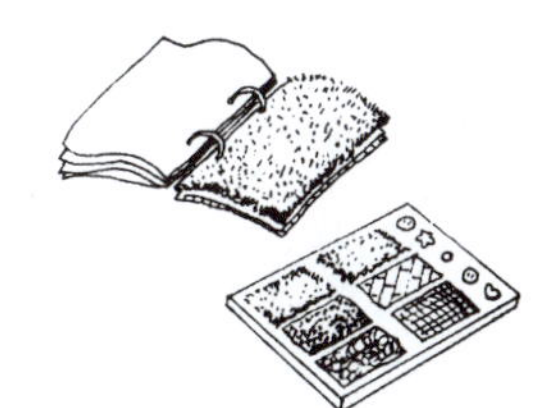	所发展的技能：触觉

续上图

活动20：拿一大块布或垫子，在上面缝上有趣的、不同质地的物品，如：帆布、丝绒、塑胶、麻布袋、砂纸、外面用塑胶包着的报纸揉成的球、装豆子的口袋……其他任何你能想到的东西。让孩子躺在这个垫子上，在上面来回滚动，感觉各种质地。 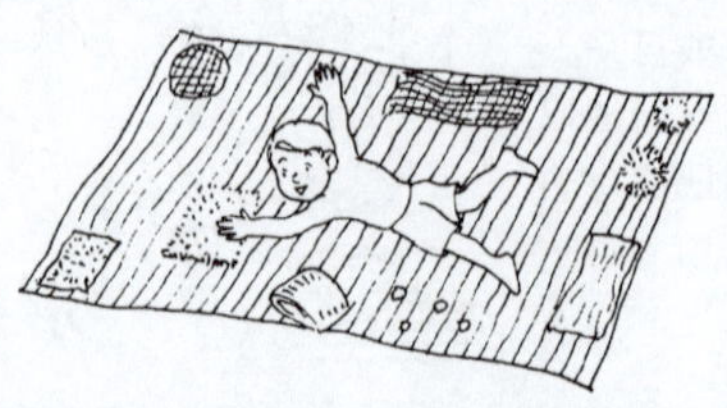	所发展的技能： 触觉、运动
活动21：在洗澡期间，让孩子感觉物品，例如让他感觉到湿的肥皂，帮助他拍打水，让他感觉到不同温度的水。然后，在给他擦干时，用毛巾搓他的整个身体——轻柔地和用力地。用毛巾裹着他，让他感觉被毛巾裹着。  	所发展的技能： 触觉
活动22：收集一些报纸和杂志的纸。和孩子坐在一起，把它们弄皱、撕开，揉成一团球。一起感受这种感觉和声音。  	所发展的技能： 触觉、听觉／听力
活动23：把有趣的东西放进不同的盆子里去感觉，例如：豆子、沙子、叶子……帮助你的孩子坐好，这样他可以把脚放进盆子里，并用脚探究这些不同的质地。 	所发展的技能： 触觉

续上图

活动24：帮助孩子把东西握在手里，鼓励他用这个东西敲打一个鼓或锅。然后，帮助他在每只手里都握着一个东西，并放在一起敲击。	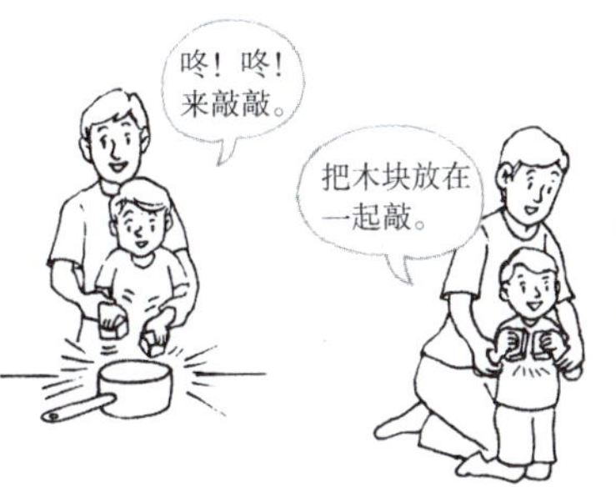	所发展的技能：触觉 听觉 / 听力
活动25：让孩子闻许多家里的不同物品，如：食物、香皂、花、水果、消毒剂、上光剂、干净衣服、脏衣服。让他也感觉这些物品。注意他是如何对喜欢闻的和不喜欢闻的物品做出反应的。		所发展的技能：触觉、嗅觉
活动26：确保孩子有机会去体验不同的味道。让他品尝酸的、甜的、咸的、苦的食物。注意他对这些味道的反应。这将成为他告诉你他喜欢什么味道、不喜欢什么味道的方法。		所发展的技能：味觉
活动27：让孩子吃不同质地的食物，如香蕉、肉、面包、果冻、苹果。帮助他习惯各种各样的食物。		所发展的技能：味觉，触觉

续上图

活动28：让孩子躺在一条毛巾上。一个人拿着毛巾接近孩子头部的一端，另一个人拿着接近脚的一端。提起来，用毛巾轻轻地摇晃他。暂停并等待他给一些他想要继续的信号。然后再开始摇晃他。过一会儿，再次停下来，等待他的反应，然后重新开始摇晃…… 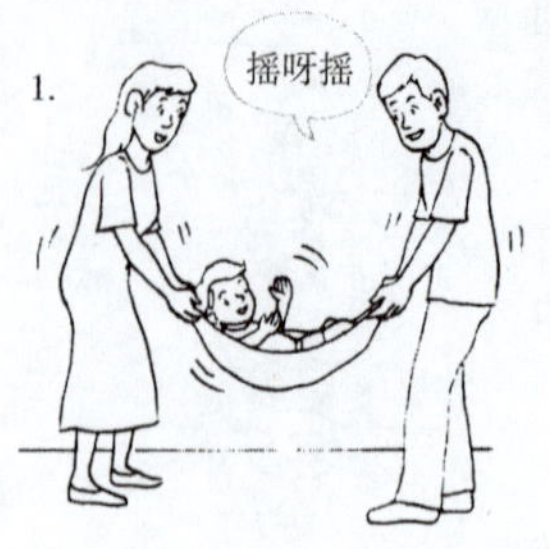  	所发展的技能：触觉、运动、使事情发生
活动29：以不同的姿势抱着孩子，并轻轻的摇晃他。和上一个活动一样，要偶尔停止，给孩子机会来表示他是否想要继续。  	所发展的技能：运动、使事情发生
活动30：和孩子一起做“打闹”的游戏，如：给他挠痒、滚动他、抖动他拥抱他。 	所发展的技能：运动

续上图

活动31：让孩子坐在你的腿上或滚筒上，从一侧向另一侧摇晃他。在髋关节处支撑孩子。也可以尝试让他卧在滚筒上，慢慢地前后摇动滚筒。	所发展的技能：运动

活动32：让孩子仰卧。跪在他的上面，轻轻地拿起他的手臂，上下并向四周活动它们。转过身去，给他的腿也做相同的活动。	所发展的技能：运动

活动33：和孩子做“跷跷板”游戏。坐在他对面，你的双腿跨过他的身体，扶着他的肩膀，慢慢地前后摇动他，像个跷跷板。	所发展的技能：运动

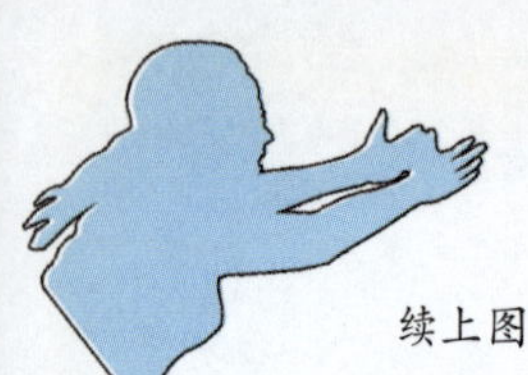

续上图

活动34：和孩子做“躲猫猫”的游戏，遮住你的脸，然后再露出。在你的头上放一张毛巾，然后拉下来。稍后，鼓励他从你的头上拉下毛巾，表现出惊奇的样子，并表扬他。  	所发展的技能：物体恒存概念、社交

活动35：和孩子做上面的游戏之后，用毛巾盖住孩子的头。把它拉下来并在看见他时表现出高兴的样子。然后再把毛巾放在他的头上，鼓励他自己把毛巾拉下来。当他这样做时要表扬他。  	所发展的技能：物体恒存概念、社交

续上图

<table>
<tr>
<td>活动36：拿一个孩子感兴趣的玩具。在孩子能看到的地方，用毛巾把玩具半掩着。拿着他的手帮助他拉开毛巾并表现出惊奇。在他熟悉了这个游戏之后，再玩一次，但是这次要用毛巾完全盖住玩具。假装到处去找玩具，然后帮助他拉开毛巾，发现玩具。当他这样做时表扬他。

</td>
<td>所发展的技能：物体恒存概念、社交</td>
</tr>
<tr>
<td>活动37：拿一个孩子感兴趣的玩具，在上面拴一根绳子。当孩子在看时，拉绳子，这样，玩具在盒子的后面就不见了。问他“哪里去了？”并假装到处去找。再拉一次绳子，这样玩具又重新出现了，然后说“哈！在这儿呢！”经常做这个游戏，这样孩子就能明白，即使他看不到一个物品，那个物品也是一直存在的。

</td>
<td>所发展的技能：物体恒存概念</td>
</tr>
</table>

续上图

活动38：给孩子看一个有趣的物品。在他开始对那个物品感兴趣的时候，把物品放到他拿不到的地方。如果他设法伸手去拿它，等一秒钟，然后给他。每次他伸手要什么东西的时候就递给他，这样，“伸手”就能成为一个沟通的方法。	所发展的技能：有目的的活动
活动39：靠近孩子，好像要抱他起来。等待他表示期待被抱起的信号。他这么做时，表现出高兴并抱起他。以后，再做同样的活动，但是在抱起他之前，需要等待更明确的信号——一个动作、一个声音、抬起胳膊的姿势。	所发展的技能：有目的的活动

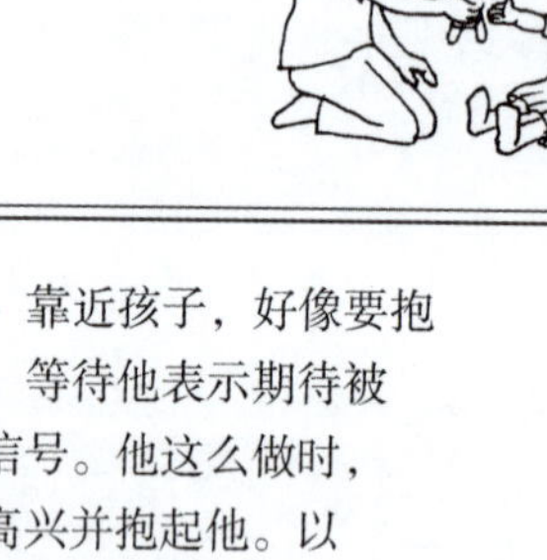

续上图

活动40：把食物放在孩子刚好不能拿到的地方。如果他做出任何动作表现出他正设法去拿食物，表扬他，并给他食物。要鼓励任何表示他设法拿东西的动作。  	所发展的技能：有目的的活动
活动41：在孩子喜欢的玩具上拴一根短绳子。把玩具放在他拿不到的地方，但是他可以拿到绳子的一端。帮助他抓着绳子把玩具拉过来。鼓励他自己这么做。  	所发展的技能：有目的的活动
活动42：用木块堆起一座塔，引导孩子的手臂去推它，塔被推倒了之后，笑并表现出惊讶，同时要表扬他。经常这么重复，渐渐地，孩子可能会自己设法去推倒塔。   	所发展的技能：有目的的活动

续上图

活动43：当孩子在做一些动作时，如拍手、打鼓、眨眼睛，模仿他的动作并让他也和你一起做。之后，选择一个你以前看过孩子做的动作。做那个动作，鼓励孩子也模仿你。  	所发展的技能：模仿动作
活动44：选择一个新的动作，是孩子以前没有做过的。你做那个动作，并鼓励孩子模仿你。可以尝试拍大腿、拍手、打鼓、张开然后握紧手……  	所发展的技能：模仿动作
活动45：模仿孩子发出的任何声音。  	所发展的技能：发出声音
活动46：发出新的声音，在你发出各种各样的声音时，使它有高、低、大、小的变化。  	所发展的技能：发出声音

续上图

活动	所发展的技能
活动47：在你们游戏时发出各种声音，如汽车的声音，动物的叫声，任何有趣的声音。另外，在日常活动中也使用声音，如：洗澡时说“哗啦、哗啦”。	所发展的技能：发出声音
活动48：注意孩子发出最多声音的时间，如在水里游戏时，被挠痒或摇晃时等。要利用这些时间来鼓励孩子发出更多的声音。	所发展的技能：发出声音

图 6－1　多重残疾儿童专项沟通能力康复活动

这里提供的只是一些想法而已，家长和康复师可以自己想出更多的活动。

第 2 节　与多重残疾儿童交谈的技巧

除了制订孩子的个人目标计划外，我们要清楚，每天与多重残疾孩子的接触也是很重要的。

如果我们很好地使用我们的沟通技能，就能鼓励他用他自己的方法进行沟通。

一、如何与多重残疾儿童沟通

无论你什么时候和多重残疾的孩子沟通，都要设法记住以下几点。

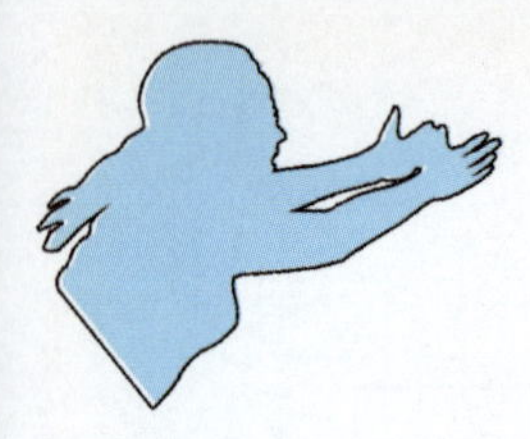

先告诉孩子你和他在做什么，或发生在他周围的事情。

耐心点——给孩子时间对刺激做出反应。

对孩子为沟通所做出的任何努力，都要以积极的态度做出回应。

续上图

你和孩子游戏时，为他做一些事，然后等一会儿，看他是否会用什么方法对你表示他想要你再做那件事。当他用手势表示时，就再做一遍那个活动，然后再次等待，继续。

无论你什么时候对孩子说话，都要使用有趣的声音——使你的声音有高、有低、有大、有小。这样，他会想要去听它。

为了鼓励孩子在你说话时看着你，使用有趣的面部表情，那样更有可能吸引他的注意力。

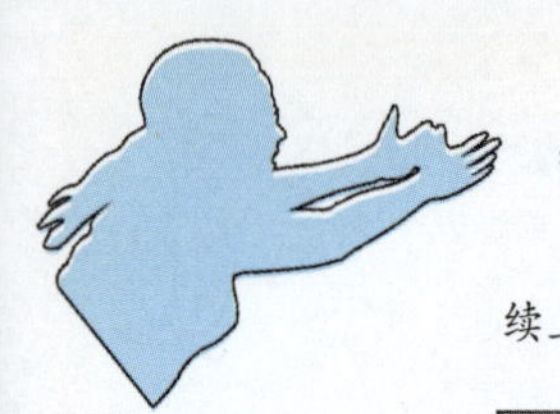

续上图

与孩子沟通时你需要靠近孩子，这样他能知道你在他旁边，并且你正在和他沟通。

记住经常使用5种不同的感觉——视觉、听觉、触觉、味觉和嗅觉——帮助孩子学习。

与你的家人和朋友分享关于孩子沟通的知识，这样每个人都能用相同的方法来对待他，并对他做出反应。任何人都不应该强迫他说话！

续上图

图 6－2　与多重残疾儿童沟通的技巧

二、与多重残疾儿童沟通必须使用我们的感觉

1. 5 种感觉

你知道吗？我们每个人都是通过使用我们的感觉来了解周围的世界的。我们有 5 种感觉——视觉、听觉、嗅觉、味觉和触觉。通过使用这些感觉，我们收集信息并开始了解周围的环境。

眼睛——视觉　通常，5 种感觉一起工作能给我们带来关于生活中某件东西或事件的信息。

耳朵——听觉　视觉和听觉一起工作给我们带来最多的信息，其次是触觉，然后是嗅觉和味觉。

鼻子——嗅觉　如果我们有一个感觉受到严重损伤，那么，我们可以发展其余没被损伤的感觉来补偿那个损失了的感觉。

舌头——味觉　例如，一个视觉被损伤的人或盲人，因为他的听觉、触觉、嗅觉和味觉有更好的发展，所以他可以和一个能看到的人学习的一样多。

双手——触觉　如果孩子有任何一种感觉的困难，我们要帮助他发展并使用其他的感觉，这样他就能得到任何一个学习的机会。

2. 如何用感觉了解环境

现在自己试试如下活动，看一看我们是如何使用不同的感觉来了解周围的事物的。

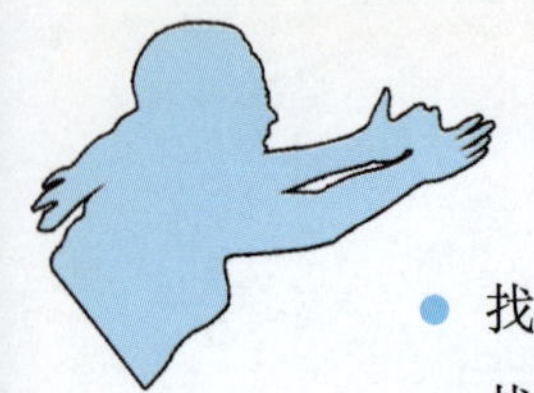

- 找出5种日常用品。
- 找一个朋友和你一起做这个活动。
- 不要让你的朋友看到你所选的东西。
- 让你的朋友以舒适的姿态坐着。
- 用一块布蒙住他的眼睛。
- 把每个东西一个接一个地放在你朋友的前面，让他认出这些东西。让他只可以摸一些东西，但不能摸其他的。
- 在你给了他所有的东西后，问自己：
- 你的朋友能认出所有的东西吗？
- 什么时候对他来说比较容易？
- 为什么？
- 这对你与感觉损伤的孩子的工作带来什么启示？

第3节　帮助失聪盲童

一、失聪盲童的含义

这里，我们用“失聪盲童”定义为那些又聋又盲但是没有其他任何残疾的孩子。这是一种典型的多重残疾。

二、帮助失聪盲童需要设身处地为他们思考

想象你是一个失聪盲人，那会是什么样子？——你能做什么？对你来说什么会是困难的？你会如何沟通？你会如何学习？其他人可以怎样帮助你？

你知道，有一些孩子和你我一样聪明；身体和你我一样的好，然而，因为他们又聋又盲，他们不能像我们一样活动、沟通或学习。通常，人们很容易就会放弃帮助这些孩子，并认为很难帮助他们。那是因为他们没有认识到，如果在很小的年龄就给这些孩子合适的帮助，他们就会有很大的潜能去学习。

因此，我们应该注意孩子是否得到了所需的帮助。

三、如何帮助失聪盲童

在帮助失聪盲童时，可以注意以下 8 个方面。

1. 介绍

首先向又聋又盲的孩子介绍你自己，这样他可以知道你在他旁边。你可以这样做——轻轻拿起他的手，让他感觉你的脸。让他感觉任何显著的特征，如眼镜、胡子、耳环、长头发。最后，孩子会通过他所感觉到的开始认出你了。

2. 身体接触

又聋又盲的孩子需要身体上和空间上的安全感。我们从身后轻轻地搂住孩子，让他的后背贴住我们的胸部，这样就会给他安全感，并帮助他移动。

3. 日程安排

要帮助又聋又盲的孩子发展对其周围环境和发生在其身上的事情的理解能力，我们必须建立一个日常生活活动的日程安排。这意味着每天他都会以同样的方式做同样的事情。这也能让孩子能够预知日常活动。

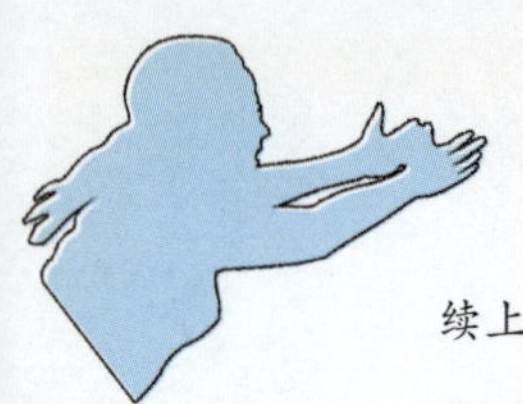

续上图

4. 手把手的教

无论我们和又聋又盲的孩子做什么活动，都应该用我们的手轻轻地拿着他的手，引导他们做。这能使孩子体验到运动的感觉是什么样的，最终，他能学会在没有帮助的情况下自己做这个活动。

5. 用东西作为信号

选择一个东西作为代表孩子每件日常活动的信号，如勺子代表吃饭；茶杯代表喝水；香皂代表洗澡。在我们和又聋又盲的孩子开始特定的活动之前，我们必须让他很好地感觉这些东西。这能帮助他知道有什么事要发生在他身上。最后，他将学会通过所给他的信号来预料将要发生的活动。

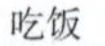

6. 感觉输入

由于视觉和听觉的损伤，我们必须鼓励又聋又盲的孩子使用他的触觉、嗅觉和味觉来了解周围的世界。我们必须给他许多机会用这样的方法来学习。

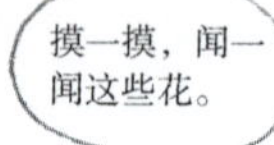

续上图

7. 物品的顺序

若家里有又聋又盲的孩子，我们必须让家庭用品和家具经常保持在同一位置。物品的顺序每天都是相同的。这能让孩子了解东西放在哪里，并且能够自己找到他想要的东西。从长远来看，这意味着孩子能更加独立。

8. 身体的意识和运动

我们需要帮助又聋又盲的孩子对自己的身体及其如何运动变得更有意识。为了建立他的身体形象以及自己独立运动的信心，他需要体验各种类型的运动和身体接触。

图 6－3　帮助失聪盲童沟通能力康复的流程

第 7 章　运用游戏培养孩子的沟通能力

【家长感言】

我以前不知道游戏有多重要，孩子可以通过游戏学到那么多。但是现在我可以看到自从我帮助孩子做更多游戏之后，他学到了很多。他对周围发生的每一件事都更有兴趣，甚至还尝试告诉我发生了什么事！

我从来没有教过我的其他孩子怎么玩——因为他们能轻松自然地学会。但是小青就不同了，我不得不教她如何做游戏。

我永远不会忘记我第一次去康复中心的经历。我希望他们可以治疗我的孩子，但是他们却教我怎么和小平一起玩。后来我想："大老远到康复中心去，就是要学习怎么玩吗？我再也不去那里了！"然而，几个月过去了，小平还是不会说话，我的妻子就劝我再去康复中心。所以我回去了，他们还是给我同样的建议，但是这次我们全家决定要试试他们所建议的方法。从那以后，小平就不断在进步。

我过去以为要和我的孩子一起玩，我需要买昂贵的玩具。但是我错了！我的孩子最喜欢玩的是罐子、壶、勺子、石头和家里的其他一些东西，或是我自己做的玩具。

本章讨论游戏对我们帮助孩子的工作的重要性，以及如何使用游戏去发展孩子的沟通技能。

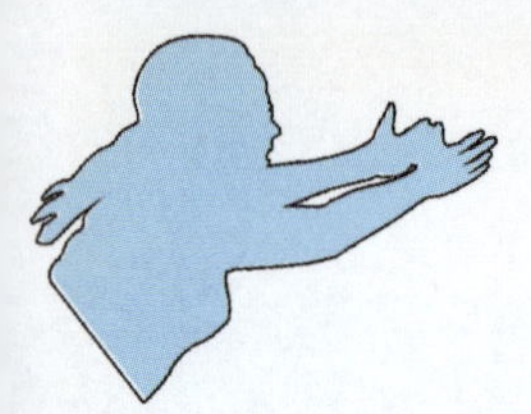

第1节　游戏及其种类

一、游戏的内涵

1. 什么是游戏

- 游戏是孩子用自己的方法，以自己的速度自由地试验事物的时间；
- 游戏是令人愉快和充满乐趣的；
- 游戏是由孩子自发的活动——他选择玩什么，如何玩。他可能不会邀请另一个人参加。

2. 游戏为什么是重要的

在构成“沟通房子”的砖块中，“游戏”是最大的砖块之一。游戏可以发展许多沟通能力。

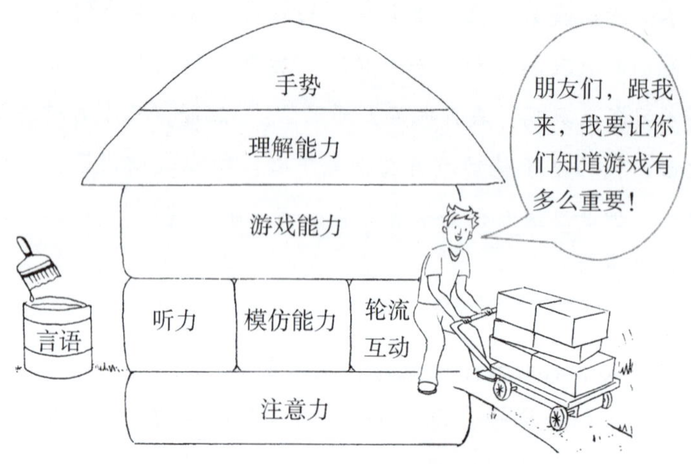

图7－1　“沟通房子”与游戏

- 游戏是重要的，因为它为孩子将来在各方面的学习打下基础。他可以实践已有的技能，并发展新的技能。
- 游戏是重要的，因为它建立孩子对周围人和事的理解能力，这是沟通的基础。
- 孩子可以在游戏中实验和学习，这种实验是没有失败的风险。

3. 游戏如何发展？

- 游戏是由妈妈和孩子之间的互动开始。
- 以后，孩子将和其他人及他周围的事物产生互动。
- 随着孩子的发育，每一种游戏类型自身也会进展到不同的阶段。这在本部分的后面将有详细的说明。

4. 需要帮助孩子游戏吗

- 为了学习玩，所有的孩子需要他们的家长、兄弟姐妹和其他人的激励。
- 有残疾的孩子也需要激励，但可能需要特别的帮助和注意。
- 残疾孩子的家长需要鼓励他们的孩子积极进入游戏情景中，也需要帮助他学习。

二、游戏的类型

游戏包括探索性游戏、社交性游戏、运动性游戏、假想性游戏、操作性游戏和解决问题的游戏共 6 大类别。

这些不同的类别可以看做拼图玩具，它们拼在一起就形成了游戏的全貌。所有拼图彼此交叠，互相依赖。

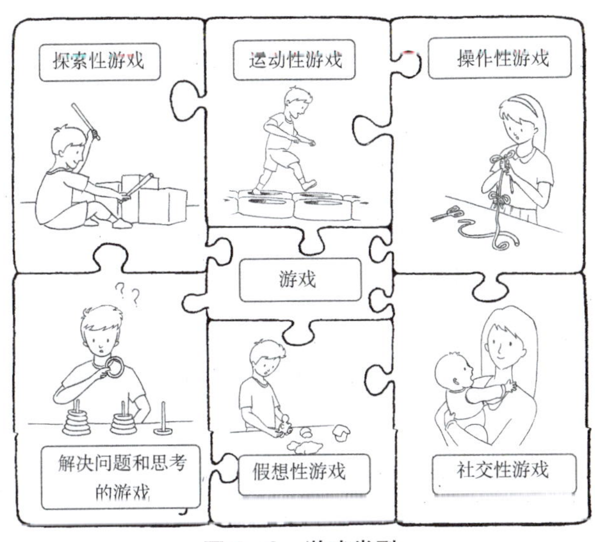

图 7－2　游戏类型

现在我们来仔细看看每种不同类型的游戏，以及它们如何被不同的残疾所影响。

三、探索性游戏

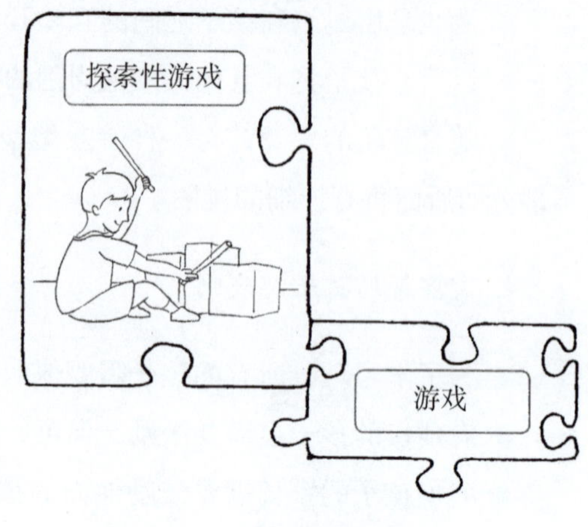

图7－3　探索性游性

探索性游戏是实验和发现新事物。

1. 探索性游戏为什么重要

- 探索是孩子发育的基础；
- 它使孩子能够发现新事物，并对他所生活的世界有更多的认识；
- 它激励孩子想要了解更多周围的世界；
- 它帮助孩子发展技能并学习新的技能。

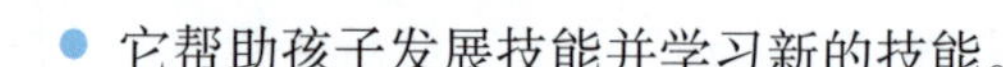

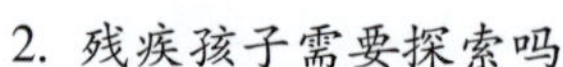

2. 残疾孩子需要探索吗

当然！残疾孩子就像其他任何孩子一样需要探索，但他可能需要更多的帮助和鼓励。

如果我们给孩子探索的机会，那他就更有可能学习并发展他的技能和能力。

3. 我们可以如何鼓励孩子去探索

- 通过周围充满不同的物品和事情，让孩子对他的世界感兴趣，以此来激励他去探索；
- 随着孩子的兴趣——注意他对什么感兴趣，并表现出你也有同样的兴趣；
- 通过你对事物表现出的兴趣及你的行为，你可以向孩子展示如何探索。

四、运动性游戏

运动性游戏是在有趣的身体运动中使用身体的各个部分。

1. 运动性游戏为什么重要

- 运动是孩子发育的基础；
- 它使孩子能够在探索他的世界时，变得主动；
- 它给孩子提供了解他的身体并获得对它的控制的机会。

图 7－4　运动性游戏

2. 残疾孩子需要运动吗

当然！残疾孩子就像其他任何孩子一样需要体验运动，但他可能需要更多的帮助和鼓励。如果我们给孩子体验运动的机会，那他就更有可能发展他对身体的意识以及如何控制它的理解能力。

3. 如何鼓励孩子运动

- 通过设置情景来激励孩子运动（例如，把物品放置在他差一点就可以拿到的地方）；
- 和孩子做消耗体力的身体游戏，这能帮助他觉得运动是有趣的。

如果孩子有身体残疾，如脑瘫，就应该向专家咨询如何促进运动的建议。

五、操作性游戏

操作性游戏是在被控制和熟练的状态下协调手和眼的一种能力（手/眼协调）。

1. 操作性游戏为什么重要

- 操作性游戏是孩子发育的一项重要技能；
- 它使孩子能够控制玩具和物品，这样他就能离开大人，独自游戏；

- 拥有操作能力意味着孩子在长大以后，能为自己做更多的事（例如，扣钮扣，使用餐，写字或画画。这对一个人获得自尊和独立是非常重要的）；
- 通过操作，孩子才能了解物品的尺寸\重量\形状等等。

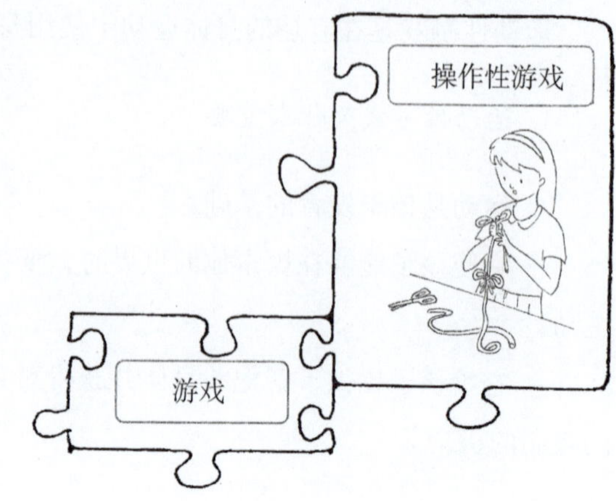

图7-5 操作性游戏

2. 残疾孩子需要操作吗

当然！残疾孩子就像其他任何孩子一样需要学习操作物品，但他可能需要更多的帮助和鼓励。如果我们给孩子学习操作的机会，那他就更有可能发展日后生活所需的精细运动能力，比如做饭、写字、缝纫、木工活、操作机器等。

3. 如何鼓励孩子去操作

- 当孩子对一个东西感兴趣时，向他表现出你也有兴趣，并解释如何操作那个东西；
- 通过手牵着手的方式，你可以从体能上帮助他操作物品；
- 给孩子能激励他伸手拿并操作的玩具或物品。

如果孩子有手/眼协调的特殊困难，就应该寻求专家的建议。

六、社交性游戏

社交是两人或多人之间的互动。它包括给与得，是一个双向的过程。

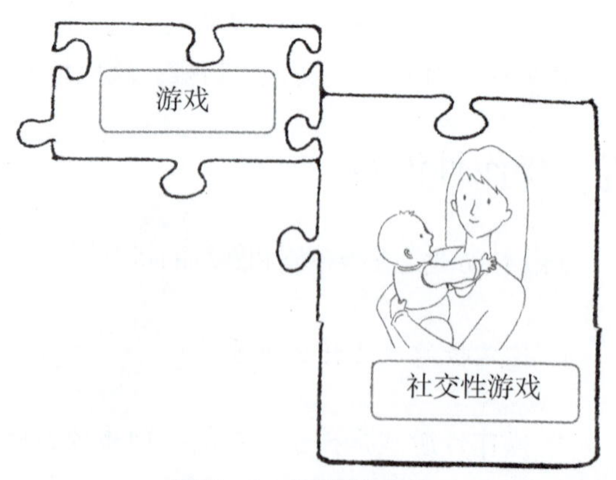

图7-6 社交性游戏

1. 社交为什么重要

- 社交对于沟通的发展是必不可少的；
- 通过观察和模仿他人的行为能鼓励孩子向他们学习；
- 它为孩子提供自然的机会去实践和发展沟通技能；
- 和别人轮流互动的体验，对于日后生活中人际关系的发展是必不可少的。

2. 残疾孩子需要社交吗

当然！残疾孩子就像其他任何孩子一样需要社交，但他可能需要更多的帮助和鼓励。如果给孩子社交的机会，那他就更有可能学习如何互动与建立人际关系。

3. 如何鼓励孩子进行社交

- 仔细观察孩子为了和你互动可能做出的任何努力，并对它们做出反应；
- 帮助孩子学习和其他孩子一起游戏，使其有信心和他们一起玩；
- 给孩子创造与其他人认识和游戏的机会，包括大人和孩子。

七、假想性游戏

- 假想性游戏是孩子通过自己的想象力，用一些物品来代表和象征其他的物品，例如，把纸盒变成摩托车，把罐子和棍子变成锅和勺子；
- 假想性游戏是发展沟通技能的最重要的游戏类型之一。

图 7－7　假想性游戏

1. 假想性游戏为什么重要

- 假想性游戏对思考和语言的发展是必不可少的，其实语言就是用单词这种符号来代表各种事物的；

- 发展想象力能拓宽孩子的非实践经验，并激发他的创造力；
- 它帮助孩子明白他所看到的周围情景的意思，并为自己日后生活中的情景做准备。

2. 残疾孩子需要假想吗

当然！残疾孩子就像其他任何孩子一样需要学习假想，但他可能需要更多的帮助，需要鼓励他去那么做。如果我们给孩子假想和使用想象力的机会，那我们就能帮助他发展语言和思考能力。

3. 如何鼓励孩子假想

- 在做家务活时，鼓励孩子观察，例如，当妈妈在做饭、扫地、洗碗时，对孩子说她正在做什么；
- 和孩子坐在一起，对他解释如何做假想性游戏，这样他才愿意去尝试自己做——告诉他，自己正在做什么；
- 在孩子尝试做假想性游戏时，帮助他并对他解释他可以如何更进一步地发展该游戏。

八、解决问题的游戏

解决问题的游戏是孩子必须仔细思考并设法想出做某事的方法的游戏。

图 7－8　解决问题和思考的游戏

1. 解决问题的游戏为什么重要

- 解决问题发展思考能力，可以帮助孩子自己解决事情；
- 必须自己解决某事的挑战能增加孩子的信心和好奇心；
- 当孩子长大成人并且遇到必须要经过认真考虑才能做出决定的情况时，这种解决问题所需要的能力就显得必不可少了。

2. 残疾孩子需要解决问题吗

当然！残疾孩子就像其他任何孩子一样需要解决问题，但他可能需要更多的帮助和鼓励。如果我们给孩子机会去发展解决问题的能力，那我们就可以使他主动地去自己解决问题。

3. 如何鼓励孩子去解决问题

- 吸引孩子注意周围的东西和事情，使他变得有好奇心，并想要发现更多；
- 观察孩子对什么感兴趣，并教他如何进一步了解所感兴趣的事物；
- 给孩子做他能够成功的事情，以此来鼓励他不断尝试；
- 给孩子时间独自尝试事物，并解决自己的问题，成人不对其加以干涉。

九、不同类型的游戏对培养孩子沟通能力的作用

不同类型的游戏可以帮助孩子不同沟通能力的发育，如下表所示。

表 7－1　不同类型的游戏在培养沟通能力方面的运用

阶段	探索性游戏	运动性游戏	操作性游戏	社交性游戏	假想性游戏	解决问题和思考的游戏
1. 0～6个月	开始时用嘴或用于拍打和摇晃来探索物品，最后用手来研究。 拿开脸上的布。把物品放在一起敲打。	仰卧时用力地踢。 洗澡时用胳膊拍水。 用双手双膝爬。	握住玩具，伸手拿并拾起小玩具。 摸妈妈的脸，拉头发，等等。	看和摸脸。 喜欢互动和身体接触。 躲猫猫。 微笑和大笑。	以相同方式对待所有玩具，敲打、放进口中、感觉它们。 把杯子放进嘴里。	发出声音来回应别人。 用声音和动作吸引大人的注意。 明白一个特定的动作会带来一个特定的结果。
2. 6～12个月	放下和扔东西。 当他看到玩具被藏起来时就寻找。 把东西放进容器。	独立地站和走。 伸手拿、抓住和玩东西。	从一只手向另一只手传递玩具。 用棍子在另外一个玩具上敲打。 用手指捏东西。	被要求时会把玩具给成人。 非常愿意回应成人。 渴望互动。 会前后滚动球。	会挥手"再见"。 会把勺子和杯子联系在一起。	让成人给他拿东西。 借助一个东西去拿另一个东西。 寻找被藏起来的玩具。 用绳子拉玩具，并看着它移动。
3. 12～18个月	跟着一个滚出视线之外的球。 打开容器，查明里边有什么。	用绳子拉着玩具行走。 不稳地跑。 喜欢打闹。	用积木盖高楼。 能用手自己吃饭。	模仿成人的动作和声音。 和成人做轮流互动的游戏。 开始和其他人增进友谊。	假装自己吃饭。 模仿成人的活动，如洗衣服、做饭、扫地等。	把一个东西与一个类似的东西匹配。 爬上椅子去拿东西。

续上表

阶段	探索性游戏	运动性游戏	操作性游戏	社交性游戏	假想性游戏	解决问题和思考的游戏
4. 1 岁半～3 岁	有兴趣探索和查明他周围的每件事。 知道自己家周围的路。	踢球和扔球时不会摔倒。 跑得稳。 开始在东西的上/下/里边爬。	取掉瓶子的螺旋盖。 脱掉一些衣服。 紧握住笔或棍子。	做游戏时能配合其他孩子。 开始分享东西。	喜欢假装做饭。然后，进行一连串的假想性游戏，如做饭、喂娃娃吃、把娃娃放在床上等。	把东西分类。 滚动球来击中目标。 尝试修理坏的玩具。
5. 3～5 岁	小心地拿易碎物品。 做捉迷藏的游戏。 参加比较大的孩子的活动。	双脚并在一起跳。 抓住大球。 爬得好。 非常活跃。	能把鞋带穿过孔。 能画画。 可以系和解衣服上的钮扣。 成人握着其手时可以抓住笔。	开始很好地在集体游戏里玩，像捉迷藏和球类运动。 开始做有简单规则的游戏，可以轮流等待。	喜欢看和谈论图片、听故事。 富于想象力地画画。	把两个相同物品的图片匹配在一起。 可以匹配形状和颜色。 可以做简单的拼图游戏。

对于残疾儿童，我们同样需要利用各种游戏对他们予以帮助，以培养他们的沟通能力。

第 2 节　如何利用游戏发展孩子的沟通能力

一、游戏有助于培养孩子的沟通

“做游戏”是指开展探索、运动、操作、社交、假想、处理和思考的活动。这些活动都有提高孩子沟通能力的作用。

下列各图都是用以发展注意力的活动，请思考：在每个活动里使用了哪些类型的游戏？

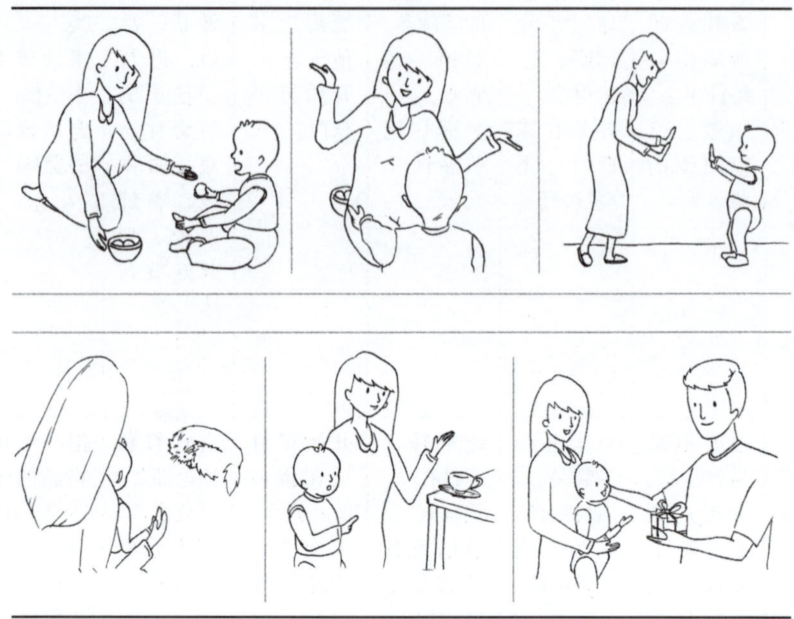

图7－9　发展注意力的活动

分析上面的活动就可以知道，这些活动实际上就是包含各个类型的游戏的

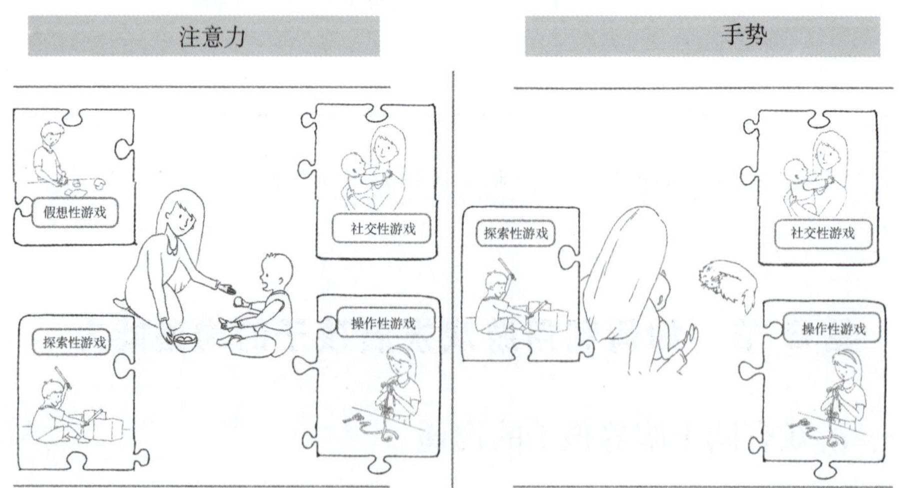

续上图

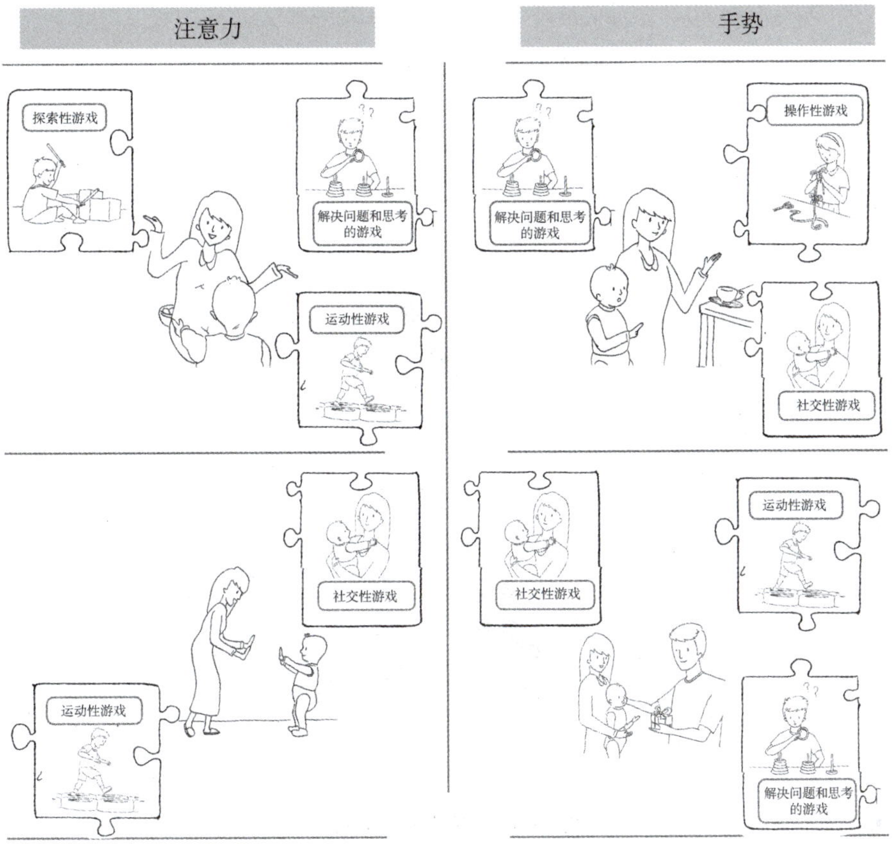

注意力

探索性游戏

解决问题和思考的游戏

运动性游戏

社交性游戏

运动性游戏

手势

操作性游戏

解决问题和思考的游戏

社交性游戏

社交性游戏

运动性游戏

解决问题和思考的游戏

图 7－10　不同类型的游戏与各种沟通能力的关联

二、游戏前的准备

让我们游戏!

我现在明白什么是游戏了，也知道了为什么使用游戏对我们的工作这么重。但是……关于如何和孩子玩，你可以给我一些提示吗?

这是个非常好的问题! 孩子能从游戏中学到多少，这取决于我们如何与他玩。和孩子游戏是一门艺术，以下的方法可以帮助你建立一些技巧……

当你在准备和孩子做游戏时，请思考下面的问题:

- 你准备做哪些活动，为什么?
- 你有需要的所有玩具吗?

- 游戏环境是否安静\放松，并且和孩子在一起时不会被打扰？
- 你有没有向孩子的家长解释你在做什么及为什么这样做？
- 你让家长参与和孩子的游戏活动吗？
- 在你和孩子游戏的这段时间里，你能避免不被打断吗？

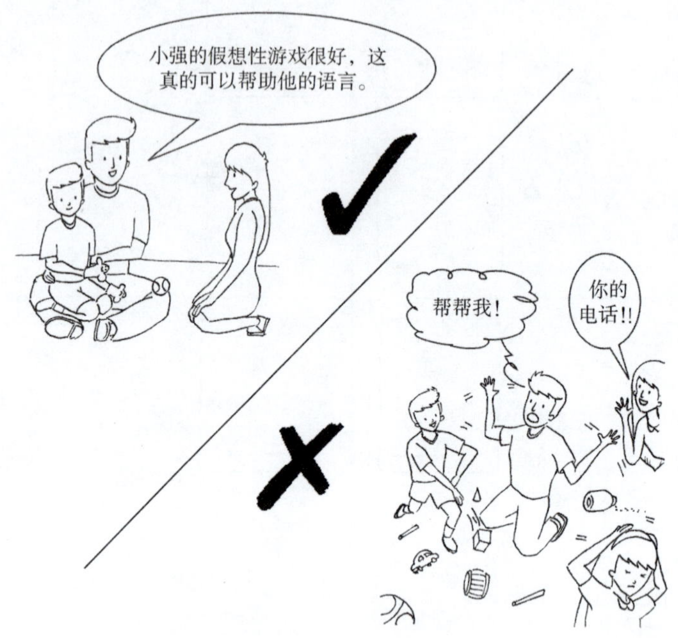

图 7 - 11　游戏前的准备

三、和孩子游戏的注意事项

现在，仔细思考如何和孩子玩。

（1）选择和孩子的发育水平相近的活动

如果他不能做一个活动，问你自己“为什么”，并相应地改变活动。

图 7 - 12　游戏前的思考

（2）方法要灵活

当孩子对某事感兴趣时，应跟随他的兴趣，你不能强迫他对你所选择的东西感兴趣。

图7－13　灵活的游戏方法

（3）当孩子尝试时，表扬并鼓励他

游戏不是孩子成功或失败的测试，表扬他所做出的任何努力是非常重要的。

图7－14　鼓励儿童尝试

（4）你和孩子在一起的时候要设法保持冷静并不被打扰

图7－15　保持冷静

（5）鼓励孩子参加各种各样的游戏活动，不要只做一种类型的游戏

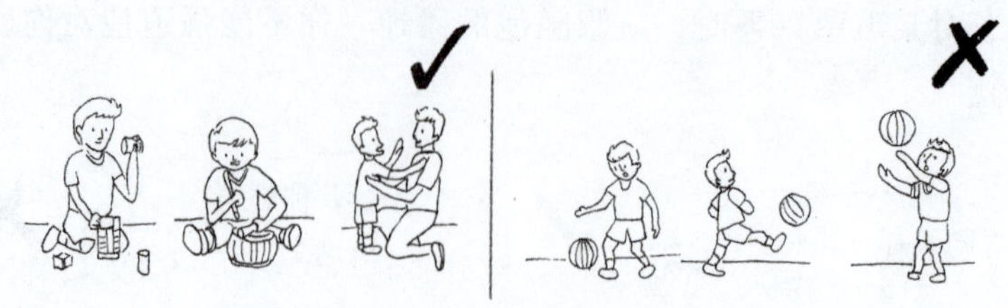

图 7－16　游戏多样化

（6）在你和孩子游戏之前，确定他处于好的精神状态，坐姿是舒适的，应该处在可以自由地使用双手的姿势里。

图 7－17　保持舒适状态

（7）通过你的面部表情和音调表现出你喜欢和孩子一起做游戏，对他在游戏中所做出的任何努力做出积极的反应。

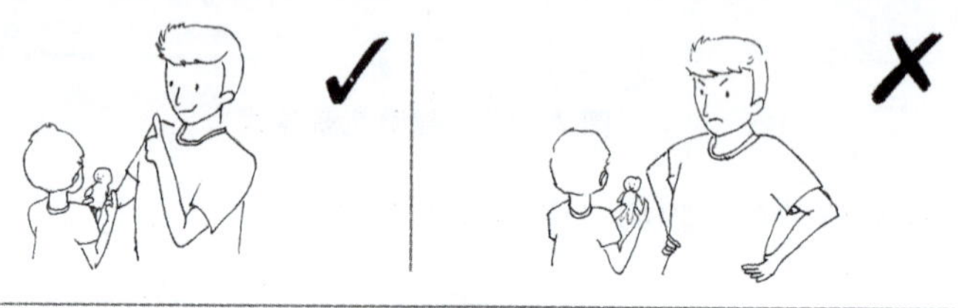

图 7－18　积极反应

（8）游戏的时间要短。当孩子开始失去兴趣时，转移到另外一个活动。

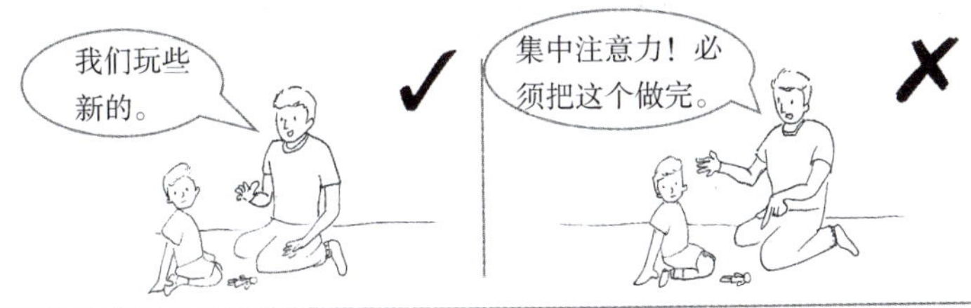

图 7－19　时间适中

（9）如果你与孩子进行的活动是重复的和循序渐进的，那么他就能发展自己的游戏能力。

图 7－20　遵循重复与循序渐进原则

（10）在介绍一个新的游戏活动时，首先要为孩子示范这个活动，当你认为他理解了之后，再让他自己尝试。

图 7－21　鼓励尝试

（11）自己玩对孩子来说也是重要的，这是让他自己体验和发现事物的机会。

图 7－22　参与并与儿童互动

四、与残疾儿童一起做游戏的一些相关问题

在和孩子游戏时可能会遇到如下常见问题，这里给出一些相关的建议。

表7－2　常见问题及建议一览表

问题	建议
扔东西 一些孩子扔掉给他们玩的东西。	首先得问自己“为什么”孩子要扔东西？根据你的回答来处理这个情况。 若孩子是为了得到注意力而这么做，那你可以决定忽略他扔东西的行为。但是，在孩子游戏表现好的时候你应该给他注意。 在孩子扔东西之前，严肃地对他说“不行”，并用你的面部表情和音调来表示你是认真的。 让孩子玩一个新的且更感兴趣的游戏。
把东西放进嘴里 一些孩子把给他们玩的所有东西放进口中。	还是一样，问自己“为什么”孩子要把东西放进嘴里？ 把东西放进嘴里可能是他探索东西的唯一方法。如果真是这样，你就需要向孩子解释，他可以怎么用其他的方法来探索。 帮助孩子更多地用手感觉东西，如敲打、放下和拿起东西。 让孩子感觉和玩他感兴趣的东西。使用那些不同质地、不同声音、颜色鲜艳的东西。 鼓励孩子转移到新的、能使他更感兴趣的游戏活动。
只玩某种东西 一些孩子喜欢只玩一种特别的玩具。很难说服他们玩别的东西。	允许孩子用他最喜欢的东西玩一会儿，但是要设法逐渐地介绍新活动。 向孩子解释他可以如何用不同方法来使用东西。 把新的东西和孩子喜爱的那个放在一起，然后帮助他使用。 通过你的互动让孩子感觉游戏可以是很有趣的。

续上表

问题	建议
不停地动来动去 一些孩子难以坐下来和集中精力于一个游戏、活动一段时间。	鼓励他坐下来玩，但不要强迫他。 开始时不和孩子一起玩，过一段时间后看他是否会过来加入你的游戏。 在参加这个活动之前，让孩子先坐下来。 只玩一小段时间。在孩子注意力分散时，让他起来活动一会儿，再回来进行下一个活动。 如果孩子有一段时间能坐下并集中精力于一个活动，那就表扬他，通过你的面部表情、音调对他表示你感到满意。
对玩具没有兴趣 一些孩子对玩具没有特别的兴趣。	使用最有可能吸引孩子的玩具，试试颜色鲜艳、有声音或看起来有趣的玩具。 如果孩子看人的脸但不看东西，就把东西靠近你的脸，鼓励他去看。 在你们游戏时，尝试使用欢快的面部表情和声音，并充满感情，这样孩子能对你们正在做的感兴趣。 使用有趣的玩具和欢快的游戏活动，更有可能使孩子产生兴趣。

如果你正在帮助做游戏有困难的孩子，希望这些建议可以帮助到你。需要记住的最重要的一点是，帮助孩子学习需要花时间，所以要耐心、坚持并表现出你的关心！

五、关于游戏需要记住的重点

游戏是“沟通房子”中不可缺少的一部分。通过游戏，孩子可以发展沟通所需要的技能。

有 6 种不同类型的游戏：探索性游戏、运动性游戏、操作性游戏、社交性游戏、假想性游戏及解决问题和思考的游戏。

每类游戏都是同样重要的。

所有的游戏类型都相互联系、彼此依赖，它们按照一定发展顺序一起发

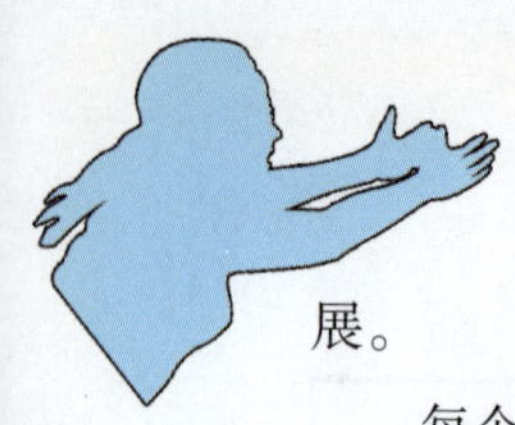

展。

每个不同类型的游戏对孩子的发育都起着重要的作用。

在我们帮助孩子时，我们需要确保孩子体验各种不同类型的游戏。

大多数游戏活动包括许多不同的组成部分。

通过了解游戏发展的阶段，我们可以知道孩子的功能水平，并帮助他从发展他的技能。

游戏的发展需要花时间，在早期发展阶段被建立起来之前，不要催促孩子进入以后的阶段。

除了家长外，也应该向家庭其他孩子解释如何和残疾孩子做游戏。

确保你给家长建议的游戏活动是能在家中容易地执行的。

孩子游戏能力的发展取决于我们和孩子游戏的技巧。

第3节　制作和使用玩具

一、游戏与玩具

关于游戏你已经谈了很多，但还没有提到玩具。它们在我们和孩子的工作中有多重要呢?

这是个好问题——有些人认为玩具是游戏中最重要的部分，孩子的玩具越多越好。这个想法是不对的。首先，游戏可以在没有玩具的情况下进行；其次，玩具本身不能帮助孩子，如何使用玩具才是最重要的。

关于玩具和游戏的更多想法：

孩子在玩具前，需要先和人互动，这两者都需要帮助孩子去做。

孩子和人或玩具的任何互动，都需要有某些基本的注意力。

有效地使用玩具需要我们各方面的技能。

为了发展游戏的不同类型，或促进不同的沟通技能，根据孩子的需要，我们可以用许多不同的方法来使用大多数玩具。

玩具不需要是昂贵的，通常，最好的玩具是我们自制的。要了解更多方法，请继续往下看。

二、自己动手制作玩具

现在让我们看一些我们自己能制作和使用的玩具。

表7－3　自制玩具与沟通能力发展的关联

游戏的类型		沟通技能
■ 运动性游戏 ■ 操作性游戏		■ 注意力 ■ 听力
■ 运动性游戏 ■ 操作性游戏 ■ 探索性游戏 ■ 解决问题的游戏		■ 注意力
■ 运动性游戏 ■ 操作性游戏 ■ 解决问题的游戏		■ 注意力 ■ 言语
■ 操作性游戏 ■ 探索性游戏		■ 注意力

续上图

■ 运动性游戏 ■ 操作性游戏 ■ 探索性游戏 ■ 社交性游戏 ■ 解决问题的游戏	噢 1、2、3 ……推!	■ 注意力 ■ 听力 ■ 言语
■ 运动性游戏 ■ 操作性游戏 ■ 解决问题的游戏 ■ 探索性游戏		■ 注意力
■ 运动性游戏 ■ 操作性游戏 ■ 解决问题的游戏 ■ 探索性游戏	哗啦！哗啦！ 倒茶!	■ 注意力 ■ 模仿 ■ 言语
■ 运动性游戏 ■ 操作性游戏 ■ 解决问题的游戏	汽车! 不见了! 在这儿!	■ 注意力 ■ 理解能力

续上图

■ 假想性游戏 ■ 社交性游戏	宝宝！	■ 理解能力 ■ 语言
■ 假想性游戏 ■ 社交性游戏		■ 模仿 ■ 理解能力
■ 运动性游戏 ■ 假想性游戏	嘀嘀！ 嘀嘀！ 呜……	■ 语言
■ 运动性游戏 ■ 操作性游戏 ■ 社交性游戏	接住！ 噢	■ 模仿 ■ 轮流互动 ■ 语言

续上图

■ 探索性游戏 ■ 操作性游戏 ■ 运动性游戏 ■ 解决问题的游戏 ■ 社交性游戏	看你能发现什么？ 一个球。 球！	■ 注意力 ■ 语言 ■ 轮流互动
■ 运动性游戏 ■ 假想性游戏		■ 语言 ■ 模仿
■ 运动性游戏		■ 注意力
■ 解决问题的游戏 ■ 探索性游戏	听！ 你听到的是哪个？ 这个。	■ 注意力 ■ 听力 ■ 轮流互动

续上图

■ 操作性游戏 ■ 运动性游戏 ■ 解决问题的游戏 ■ 社交性游戏	 轮到我、轮到你!	■ 注意力 ■ 言语 ■ 模仿能力 ■ 轮流互动 ■ 听力
■ 运动性游戏 ■ 操作性游戏		■ 注意力
■ 操作性游戏 ■ 运动性游戏 ■ 解决问题的游戏		■ 注意力
■ 操作性游戏 ■ 运动性游戏	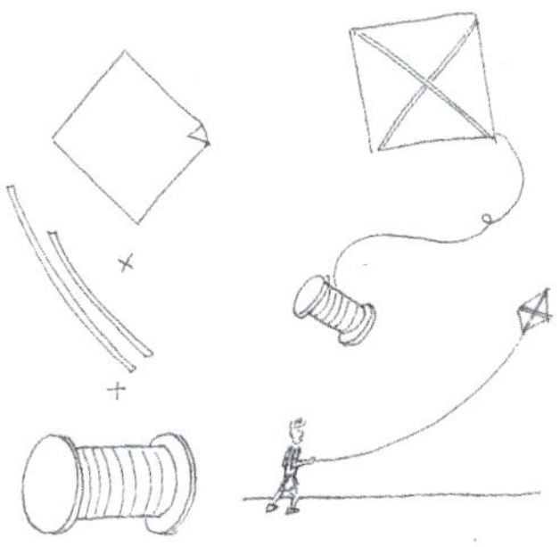	■ 注意力

续上图

■ 探索性游戏 ■ 运动性游戏 ■ 操作性游戏	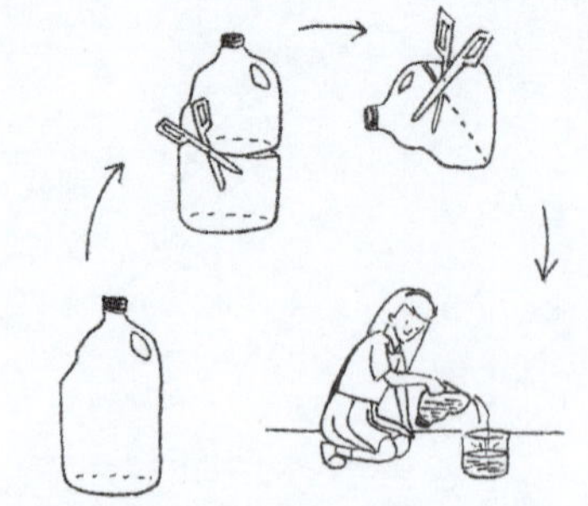	■ 理解能力
■ 操作性游戏 ■ 解决问题的游戏		■ 注意力 ■ 理解能力
■ 操作性游戏 ■ 解决问题的游戏	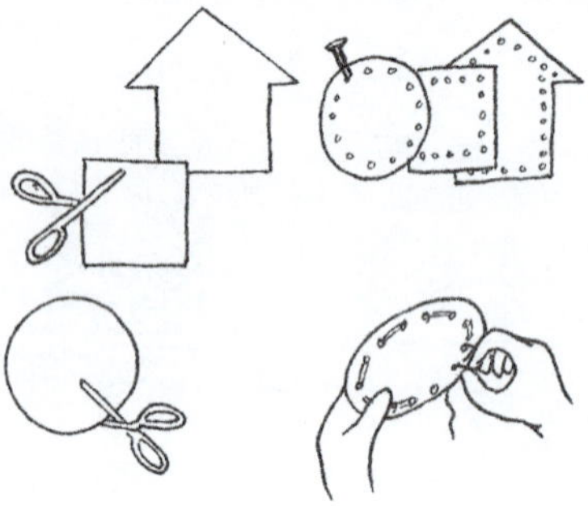	■ 注意力
■ 运动性游戏 ■ 社交性游戏	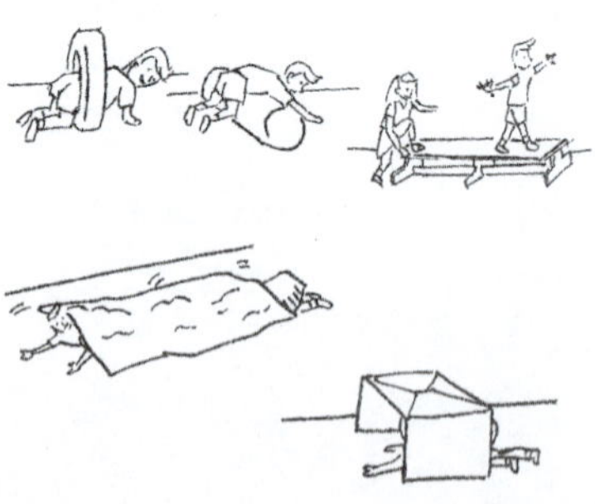	■ 注意力 ■ 模仿能力

续上图

游戏类型	图示	培养能力
■ 假想性游戏 ■ 社交性游戏 ■ 运动性游戏	噢！ 哇呀呀！	■ 言语 ■ 模仿能力
■ 操作性游戏 ■ 运动性游戏 ■ 假想性游戏 ■ 社交性游戏	你好，你是谁？ 我是国王！	■ 言语 ■ 模仿能力 ■ 注意力
■ 操作性游戏 ■ 社交性游戏 ■ 解决问题的游戏		■ 注意力 ■ 言语 ■ 听力
■ 操作性游戏 ■ 社交性游戏 ■ 解决问题的游戏	汪汪！ 咩！	■ 注意力 ■ 听力 ■ 模仿能力 ■ 言语

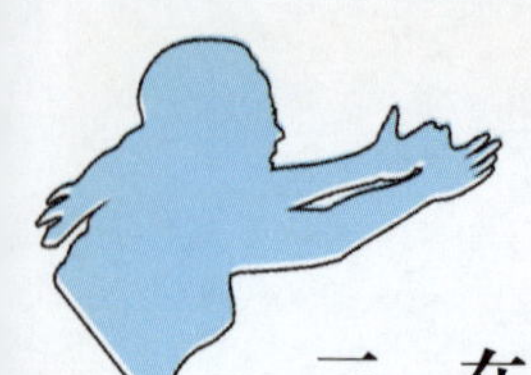

三、在小组里制作玩具

几个有患病小孩的家庭一起构成一个“小组”。这样的小组可以一起制作玩具。

表7－4　小组玩具制作

思考	方法
什么是教给家长为他们的孩子制作低成本玩具最好的方法？	教给家长为他们的孩子制作低成本玩具的最好方法之一，是组织家长一起为他们的孩子制作玩具。
为什么这是最好的方法？	小组活动为家长提供见面、分享帮助孩子的方法和所需玩具的一个机会。也可以让家长使用他们在家里没有的材料来制作玩具。这是一个教给家长更多关于游戏和如何使用玩具的机会。
我可以如何组织一个制作玩具的小组活动？	想想哪些孩子需要玩具，邀请他们的家长来参加玩具制作的活动。这个活动可以进行一天或两天以上。你可以自己决定！

以下是在组织家庭小组一起制作玩具时你还需要考虑到的事项：

- 你有合适的地方举办玩具制作小组吗；
- 你需要桌子和椅子吗？如果需要，你能找到吗；
- 你需要其他人帮助你举办小组活动吗？例如红十字会志愿者、孩子母亲；
- 你想要家长具体制作哪些玩具；
- 你确定自己知道如何制作玩具吗。
- 家长需要哪些材料来制作玩具？

四、关于玩具需要记住的重点

- 只要我们使用一点想象力，就可以把日常生活用具制作成具有教育性的玩具；
- 我们必须仔细考虑使用某个玩具的目的是什么；

- 我们在帮助孩子时，要使用家长在家里已有的，或是他们容易制作的玩具；
- 为家长组织制作玩具活动是我们工作的一个重要部分；
- 一些孩子需要我们的指导来学习如何使用玩具；
- 我们应该鼓励孩子重视他们的玩具，并用正确的方法使用玩具；
- 孩子有许多玩具，不一定就能受益——很好地使用少量玩具，比有许多不适合的玩具对孩子更有帮助；
- 我们和孩子在一起游戏的技巧能帮助孩子尽量地利用好玩具。

第 8 章　日常生活中的沟通技能与语言能力的培养

第 5 章第 1 节曾经提到，各种培养沟通能力的活动“只使用日常生活用品及日常生活情景”，可见，日常生活是培养儿童沟通能力的最佳场所。

本章讨论两个问题：一是如何在日常生活中尽量帮助儿童培养沟通能力，二是专门探讨如何在日常生活中帮助儿童培养语言能力。

第 1 节　日常生活中的沟通

【家长感言】

我从康复中心学习到如何教小培自己洗漱、穿衣、吃饭和上厕所。我的朋友经常鼓励我继续去康复中心，并遵循他们给我的建议。现在，小培可以自己吃饭、尝试自己穿衣服、上厕所。他能够说一些话，如果使用手势还能容易地和别人沟通。我以前从来没有想过，我可以在日常生活中教小培做这么多的事。

因为我平时工作太忙，没有多余的时间来帮助我的残疾孩子。看到他没有任何的进步使我很担心，但是为了养家，我又不得不去工作赚钱。后来我去了康复中心，那里的工作人员教我如何使用日常生活活动来教小迪。之后，我开始利用给小迪洗澡和穿衣服的时间对他说话、教他沟通。最终，他取得了进步。

我开始去康复中心并参加了一个家长支持小组。我在那里学到了如何照顾莎莎，让她保持清洁，使她能更好地进食，以及如何与她交谈，让她熟悉我的声音。我告诉自己我必须要爱莎莎，并且照顾她。我开始让她保持清洁，给她穿漂亮的衣服，这样，别人会注意到她看起来有多可爱，而不会只是去注意她的残疾。现在，人们称赞她的衣服和她看起来的样子，这使我感到很高兴。

我学习到如何在给小凡洗澡、穿衣服、喂她吃饭和做家务的时候帮助她。

当时我被告知小凡只是说话慢些，她最终是能学会说话的。从那以后，小凡就一直在平稳地进步，现在她几乎和其他同龄孩子一样了。她学习自己洗漱和穿衣服，她也说很多话。现在，当我听到她的声音时就想：“哈！小凡，你现在真的比以前开心多了！

一、什么是日常生活情景

日常生活情景是家庭日程的一部分，是在家里发生的活动，主要包括洗澡、穿衣服、吃饭以及家务活动，比如做饭、打扫卫生、洗衣服和盘子。

二、孩子在这些情景中可以学习什么

我们可以使用日常生活情景教给孩子许多不同的技能，包括增强独立性、粗大运动技能、精细运动技能、认知技能、社交互动和沟通技能。见下图。

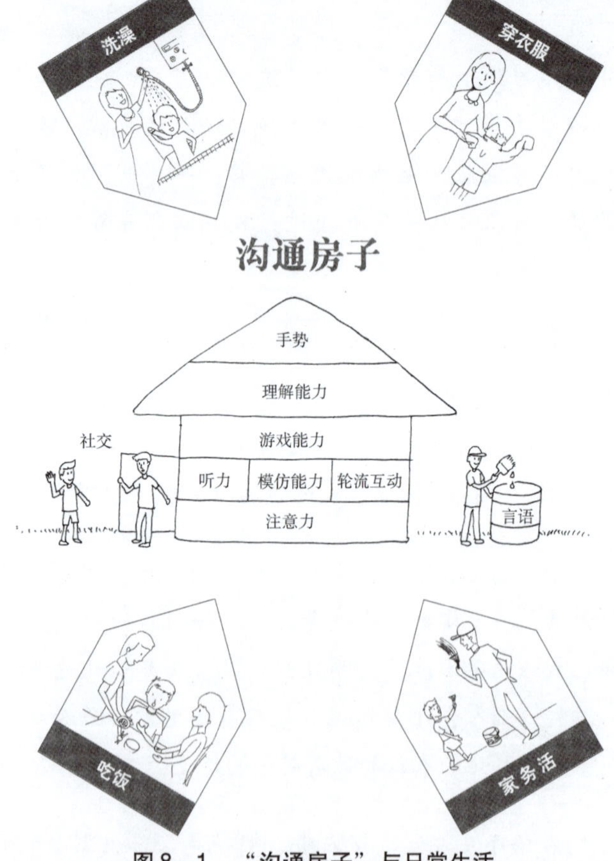

图 8－1　“沟通房子”与日常生活

孩子能从日常生活情景中学到什么，这取决于他的能力和残疾情况。每个孩子都有自己个人的需要和潜能，因此，日常生活情景应该要能适应他们的那些需要和潜能。例如，一些孩子可能需要帮助其发展基本的沟通技能；另外一些孩子需要练习“沟通房子”的所有技能；还有一些孩子则可能已经在准备理解和使用单词了。

三、为什么日常生活情景对教学很重要

日常生活情景对教学很重要，因为它们：

- 在每天都发生很多次；
- 可以自然地互动；
- 鼓励孩子主动自理；
- 提高孩子的自尊；
- 为孩子上学和以后的独立生活做准备；
- 使用我们日常生活中需要的单词。

就像我们所说的，孩子在日常生活情景中可以学习许多不同的技能，但是在本部分里，我们要特别地了解他们可以怎样学习沟通技能。

如果能向父母说明如何使用日常生活情景作为教孩子的机会，这些情景对于建立“沟通房子”的技能就能成为无价的工具。

此外，日常生活情景显然还有以下好处：

- 有趣；
- 不需要额外的时间；
- 不需要特殊的设备和玩具；
- 所有家庭成员都可以参与。

四、在日常生活情景中学习沟通的重要原则

先让我们观察两位妈妈的不同表现：

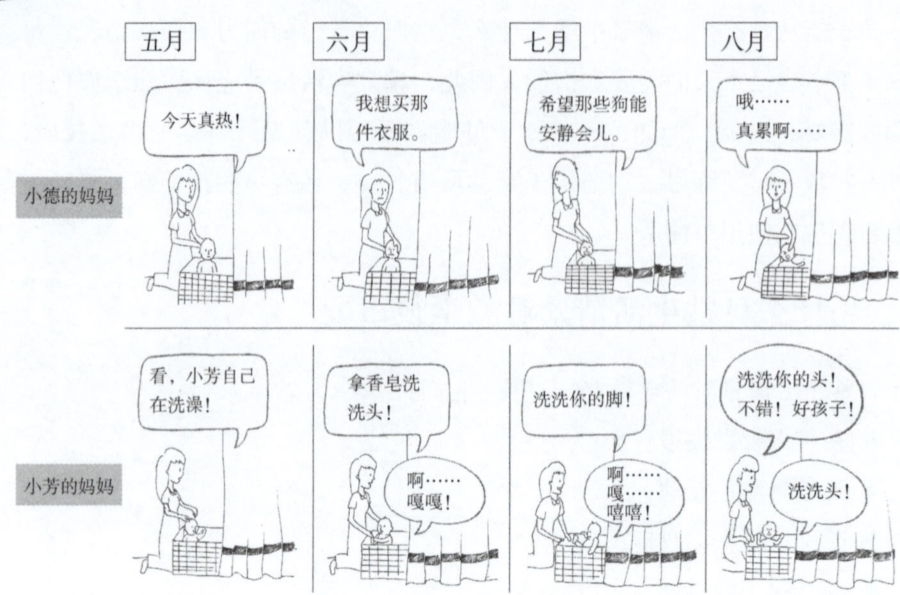

图 8－2　在日常生活中常见的两种沟通能力康复训练

思考：这两位妈妈有什么不同？

小德的妈妈没有兴趣给孩子洗澡，也没有和孩子互动。从 5 月到 8 月的这段时间里，无论是小德的妈妈或是孩子的行为都没有改变。

小芳的妈妈有兴趣给孩子洗澡，并努力和孩子互动。作为努力的结果，小芳对沟通有更多的反应和兴趣。她的理解能力得到改善，也开始参与洗澡。

从上图可以看出，小芳的妈妈通过使用自己的沟通技能，把日常生活情景转变成孩子可以发展沟通技能的机会。这是我们每个人都应该尝试做到的。

从小芳的妈妈身上我们可以学习到在日常生活情景中学习沟通的重要原则：

- 和孩子在一起时的情景，她投入全部的注意力；
- 和孩子说话之前，她通过叫孩子的名字和触摸孩子来得到孩子的注意力；
- 她使自己与孩子处在相同的水平位置；
- 她与孩子有良好的视线接触；
- 她告诉孩子她正在做什么；
- 她使用清楚、简单的话言；

- 她经常有联系地重复重要的单词；
- 她使用有趣的面部表情和声音；
- 她使孩子参与活动，并鼓励孩子自己尝试；
- 如果孩子尝试了，她会表扬孩子。

记住：重要的是你如何对孩子说话，而不是你对孩子说了多少话。

让我们也去试试这些重要原则吧！

五、在日常生活情景中培养儿童沟通能力的关键点

记住：

- 只要所有家庭成员都能以自然和轻松的方式沟通，日常生活情景就能成为有价值的时间；
- 是否可以把一个普通的日常生活情景变成有趣的和有价值的学习机会，关键在于我们怎样处理；
- 日常生活情景可以是很有趣的；
- 如果我们能很好地使用自己的沟通技能，我们就可以帮助孩子发展他的沟通技能；
- 帮助孩子尽可能多做自理，可以使他成为社会上有价值、被接纳的一员。

六、本节小结

- 日常生活情景是在家庭中每天有规律地出现的情景；
- 孩子在日常生活情景中可以学习许多不同的技能——沟通只是他可以发展的其中一方面；
- 日常生活情景是学习沟通技能，包括学习单词的最佳情景；
- 日常生活情景是让沟通能在一个功能性环境下发生的自然情景；
- 根据每个孩子的需要和我们帮助孩子的目标，可以用不同的方法使用日常生活情景；
- 日常生活情景可以用来教沟通能力处于不同水平的孩子，从基本沟通到理解和使用单词；

- 通过使用日常生活情景，家人可以通过每天的家务活动来教他们的残疾孩子；
- 对于没有太多空余时间和孩子游戏的家人，应该鼓励他们使用日常生活情景帮助他们的孩子学习；
- 日常生活情景对所有的孩子都是最有价值的学习机会。

第2节　儿童语言能力的培养

对正常人而言，人际交往、沟通的最重要工具是语言。在“沟通房子”中，语言的作用相当于该房子的外漆，遍布了“沟通房子”的每一个角落。因此，培养儿童语言能力对于儿童的成长具有极其重要的意义。

儿童的语言能力主要是在日常生活情景中形成的。父母必须充分利用各种日常生活情景帮助残疾儿童发展语言能力。

一、单词学习基本知识

学习理解和使用语言是所有沟通技能中最困难的一种技能。因为它是如此的重要，因而我们现在就要仔细地来看看人们是怎样学习语言的。

日常生活情景是学习理解和使用单词的最佳时机，因为这是在自然的、有意义的情况下使用单词。另外，因为这些情景每天都在发生，并且一天之中不止出现一次，所以，经常地重复单词和情景使孩子能更加熟悉它们。我们每个人都是这样学习口头语言的。

就像我们在第一章里所说的，口头语言只是沟通的一部分。虽然不是所有沟通有困难的（残疾）孩子都能发展口头语言，但有一些孩子是可以发展的。日常生活情景为那些准备理解和使用单词的孩子提供了理想的学习机会。

1. 我们如何学习单词

大多数人能容易地学习使用单词，不会再三考虑，就像小时候学习使用单词的过程。为了帮助我们更好地理解正在学习说话的孩子，我们可以回想自己过去开始学习第二语言时的经历。

试试这个活动：

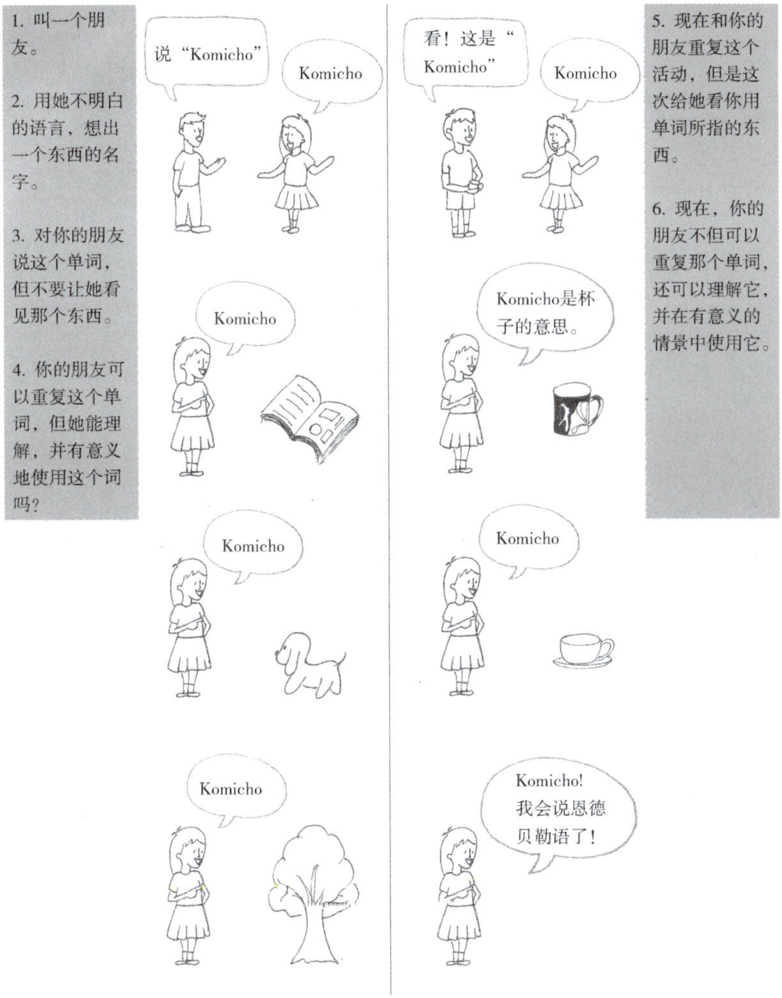

1. 叫一个朋友。

2. 用她不明白的语言，想出一个东西的名字。

3. 对你的朋友说这个单词，但不要让她看见那个东西。

4. 你的朋友可以重复这个单词，但她能理解，并有意义地使用这个词吗？

说“Komicho”

Komicho

Komicho

Komicho

Komicho

5. 现在和你的朋友重复这个活动，但是这次给她看你用单词所指的东西。

6. 现在，你的朋友不但可以重复那个单词，还可以理解它，并在有意义的情景中使用它。

看！这是“Komicho”

Komicho

Komicho是杯子的意思。

Komicho

Komicho!
我会说恩德贝勒语了！

图 8－3　学习单词的作用

2. 究竟什么是单词

单词是用于代表东西的符号。

单词使我们能够谈论没有在场/看不见的东西。

只要另一个人能理解一个声音的意思，就可以称那个声音为单词。

很多不同的单词可以用来代表茶杯、狗和面包。并且，这些只是在全世界用于代表茶杯、狗和面包的许多单词中的一部分而已。

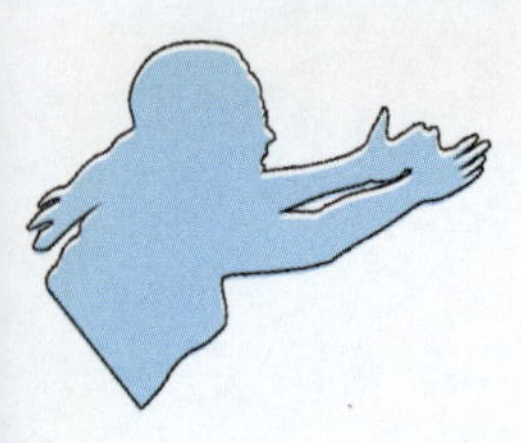

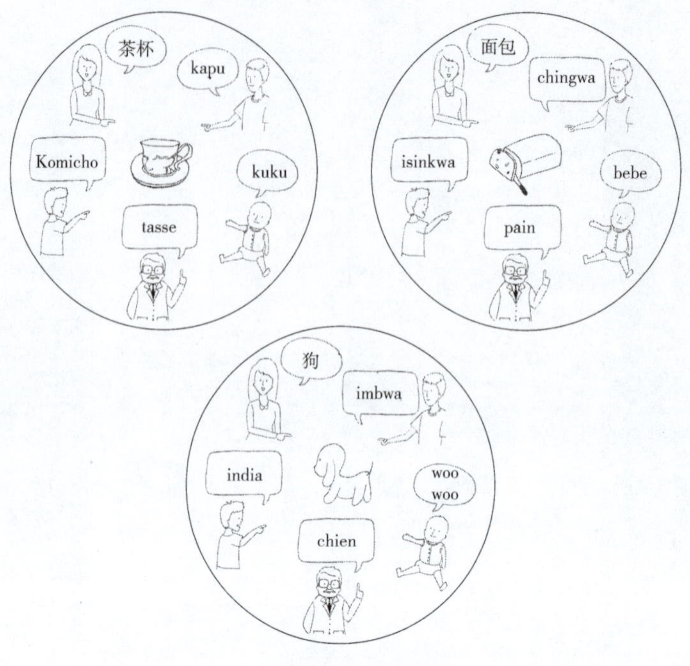

图 8－4　单词

3. 学习单词的 3 个阶段

要真正地学习和理解单词，仅仅听别人说是不够的。单独地听一个词并不能帮助孩子明白那个单词的意思。必须把单词与东西或情景联系起来，这个单词才变得有意义和实用。

要使孩子真正能学习到单词，他必须：

- 听到这个单词；
- 看到它所代表的东西；
- 看到这个东西被使用；
- 握住这个东西；
- 使用这个东西；
- 感觉这个东西；
- 经常地体验这个情景/东西。

因此，学习单词包括如下 3 个阶段：

表 8－1　学习单词的三个阶段

阶段	孩子	成人	重点
1. 理解意思	听到单词在许多不同情景中被使用。 ● 把所听到的单词和它的意思联系起来。 ● 开始理解单词。	在许多不同情景中强调并使用这个单词。 ● 重复单词，并清楚地把它和它的意思联系起来。 ● 坚持使用同样的单词代表同样的事物。	孩子不需要说。 ● 让孩子积极地参与到情景中。 ● 耐心——这个阶段需要花时间。
2. 模仿成人	设法模仿他在情景中所听到的单词。 通过成人的反应，得到鼓励。 不断尝试。	给孩子时间尝试使用单词。 表扬孩子为说出单词所做的任何努力。 前后一致地持续使用单词。	对孩子耐心点，不要强迫他说。 不要说得太多。 在这个阶段给孩子大量时间——不要催促孩子进入第三阶段。
3. 有意义地使用单词	考虑自己想要表达什么意思。 记住这个单词以及它的意思。 记住如何说出这个单词。	保持相同的活动能给孩子时间思考并使用单词。 表扬和接受孩子在有意义的情景中，为使用单词所做出的努力。	不要太快进行新的活动，教授新的单词——孩子需要练习。 做一个好的榜样来让孩子跟随。

4. 真实的单词使用情景

对比以下两种情况，你就能看出帮助孩子在 3 个阶段取得进展，对孩子学习单词有多么的重要。

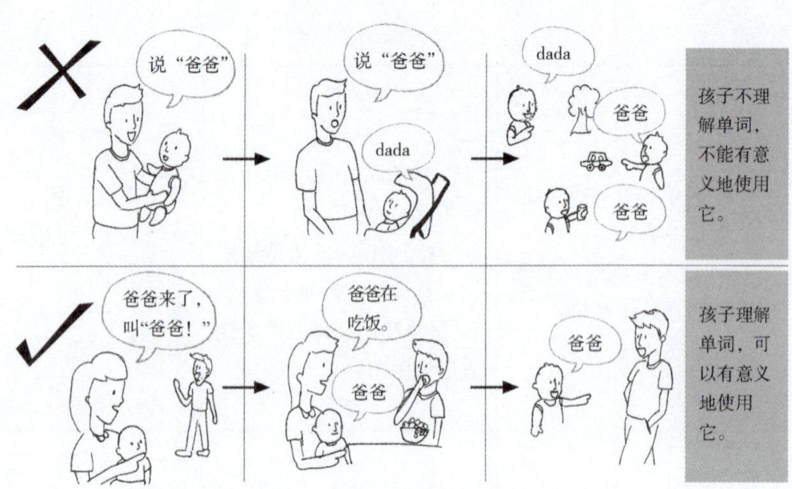

图8－5　在真实情景中学习单词

5. 词性的理解

单词有不同的类型，儿童学习不同类型单词，是按照特定的顺序进行的。我们所使用的单词主要可以分为以下几类：

早期

- 人称词，如妈妈、爸爸、小玲、小明。
- 名词，如球、汽车、椅子、布娃娃、书。
- 社交词，如再见、你好、不、是。

后期

- 动词，如吃、睡、走、洗澡、煮饭、洗。
- 形容词，如热、冷、大、小、快、慢。

孩子在以后也需要学会其他一些词，如：

我、他、你、去、哪里、里面、下面、旁边、上去、下来、他们。

6. 组词成句

孩子在学会理解和使用许多单个的单词之后，就需要学习如何把这些单词放到一起形成句子。开始时，只把两个单词放到一起，然后3个，以后再把更多的单词放到一起形成一个长句。

你知道在我们把单词放到一起形成句子时需要遵循一些规则吗？如果我说“书这本有趣的是”，我就没有按照规则来说，对吧？在孩子学习把单词放到一起组句时，他可能需要我们帮助他来遵循规则。

指导孩子把单个的单词放到一起形成早期句子的规则有：

- 社交词 + 人称词

如——“再见爸爸”、“是的妈妈”。

- 动词 + 人称词或（东西）

如——“洗洗娃娃”、“喂宝宝”。

- 人称词，（东西） + 动词

如——“爸爸走”、“娃娃睡觉”。

- 形容词 + 人称词，（东西），动词

如——“大锅”、“更多的牛奶”。

记住使用以上的规则来帮助孩子从单个单词进入双词句子。

另外，回想一下我们说过的孩子如何学习理解和使用单个的单词。孩子学习如何把几个单词放到一起形成句子的方法也是完全相同的。他通过以下的方法来学习把单词放在一起形成句子：

- 通过听到成人在各种日常生活情景中使用双词句子。
- 通过把被使用的单词和相关的情景联系起来。
- 通过开始理解所使用的单词的意思。
- 设法在情景中模仿成人的双词句子。
- 通过自己记住在有意义的情景中如何说出双词句子。

记住：

- 表扬孩子所做的任何尝试。
- 经常在有意义的情景中重复片语。
- 经常使用孩子知道的单词。设法把相同的单词放到一起形成新片语。
- 在孩子开始把两个单词放在一起之后，他就能很快地学会造比较长的片语和句子了。

7. 学习单词的指南

- 首先要确定孩子是否已经准备好学习单词的意思。他已经在使用手势了吗？他喜欢假想性游戏吗？他已经能使用一些有意义的声音了吗？

- 如果是，那么，需要决定哪些单词对于孩子的学习是有帮助的。他对什么感兴趣？可以使用什么情景来教孩子？开始使用上面属于早期的那些单词教孩子，也就是人称词、名词和社交词。以后再教动词和形容词。
- 考虑如何教孩子单词。选择 5 ～ 10 个单词教孩子。回想前面学习单词所包括的三个阶段。思考使用什么情景来教孩子学习你所选择的每一个单词。

图 8－3　在日常生活情景中学习单词

记住：

- 每次教他们单词时不要超过 10 个；
- 耐心点，在接着学习新的 10 个单词之前，要确定孩子已经熟悉了前 10 个单词；
- 虽然孩子的发音在开始时不会完全正确，但在他每次尝试开口时都要表扬他。

二、日常生活情景与单词学习

现在，我们要看一些更详细的日常生活情景，以及可以用来帮助建立“沟通房子”技能的活动。仔细地看每一幅图片，思考在各情景中可以培养孩子的哪些沟通技能。

1. 洗澡

图 8－7　在洗澡过程中训练沟通能力

给孩子洗澡时可以教下面的单词：

人称词：爸爸、小刚，等等。

名词：盘子、水、香皂、毛巾、衣服、头、胳膊、腿、肚子、脸、头发，等等。

社交词：哗啦、看、呵、给我、再见。

动词：看、闻、倒、洗、擦、进去、出来、坐下、站起来、玩。

形容词：热、冷、干净、脏、快、慢、柔软、粗糙、滑。

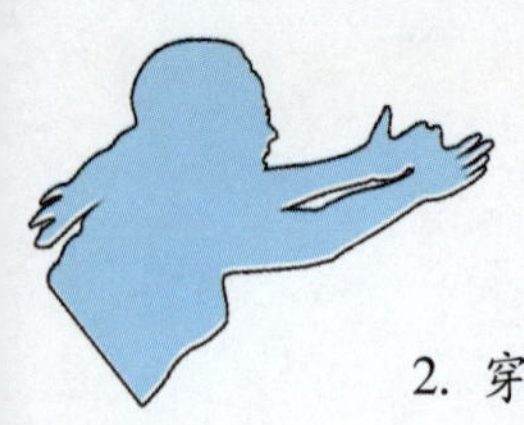

2. 穿衣服

图 8－8　在穿衣服时训练沟通能力

给孩子穿衣服时可以教这些单词：

人称词：妈妈、小强，等等。

名词：衬衫、短裤、裤子、鞋、袜子、帽子、扣子、鞋带、拉链、胳膊、腿、脚，等等。

社交词：哈、好孩子、看，等等。

动词：戴上、摘下、系上、束紧、穿上、脱下，等等。

形容词：聪明、新的、旧的、长的、短的、红色的、棕色的、绿色的、

热的、凉的，等等。

3. 吃饭

图 8－9　在吃饭时训练沟通能力

在吃饭时间可以教这些单词：

人称词：小洁、小明、妈妈、小强、爸爸，等等。

名词：粥、肉、蔬菜、汤、盘子、杯子、锅、橘子、香蕉、宝宝、娃娃、勺子、火，等等。

社交词：拍手、请、还要、给我、好孩子、再见、谢谢、不要了，等等。

动词：吃、煮、拿、给、擦干、拍、弄干净、放、搅拌、喂、取。

形容词：热、冷、饿、满、甜、渴、好香、好吃，等等。

4. 家务劳动

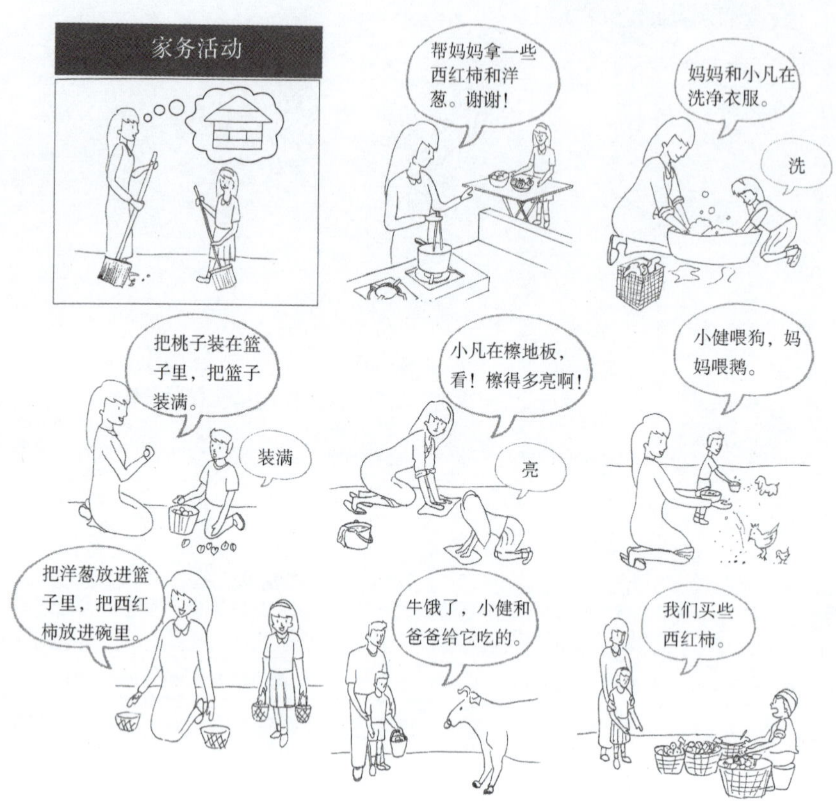

图 8－10　在家务劳动中训练沟通能力

在指导孩子做家务劳动时可以教这些单词：

人称词：妈妈、爸爸、小健、小凡，等等。

名词：番茄、盘子、洋葱、衬衫、短裤、狗、鸡、牛、上光剂、树丛，等等。

社交词：你好、再见、好孩子、做得好、谢谢、小心，等等。

动词：洗、给、喂、擦亮、擦洗、收集、买、选择、扫、发现、帮助，等等。

形容词：干净、脏、饿、满、亮、好看，等等。

三、关于学习单词需要记住的重点

- 单词是象征东西的符号；
- 使用不能理解的单词，对于沟通是没有意义的；
- 每次选择不要超过 10 个单词集中教给孩子；
- 孩子需要学习不同类型的单词；
- 注意你所选择的单词对孩子来说是有用的；
- 尽可能多地想出可以教给孩子单词的情景；
- 记住学习单词包括了 3 个阶段；
- 积极地让孩子参与活动，清楚地向他解释单词的意思；
- 给孩子时间去听和思考你在说什么；
- 绝不要强迫孩子重复你说的单词；
- 只要孩子努力说出单词，即使他的发音在开始时可能不正确，你也应该表扬他；
- 一旦孩子开始使用一些新单词，就要在日常生活情景中继续使用这些单词，这样孩子就会牢牢地记住这些单词；
- 当孩子准备好学习新单词时，就选择 5 个新的单词教给他；
- 日常生活情景是学习单词的最佳时机。

第 9 章　家庭互助

【家长感言】

对于每一个有残疾儿童的家庭来说，他们都会遇到各种各样的不幸与困难。下面是一些家长说的话：

过去，对我来说有个像婷婷这样的孩子是很不容易的，因为她不能像其他同龄孩子那样做相同的事。但是现在我知道，如果我看到其他像她这样的孩子，我可以给他们的家长一些建议。我现在定期去康复中心和残疾孩子的妈妈们一起交谈，我向她们解释我是如何帮助婷婷的。当家长们像这样聚在一起时，没有人会害羞或因他们的孩子而感到丢脸，通常我们的问题都是一样的。我们在一起的时候可以分享解决问题的办法，还可以互相帮助。

我过去经常感到很灰心。因为星星做什么事都要花好长时间，他的动作太慢，而且很容易分心。所以，我觉得替他做事比他自己做要容易和快得多，而且其他的家长也是这样做的，但是康复师却劝我们不要替孩子做事情。她经常花几个小时和我们坐在一起，教我们如何帮助孩子自己梳洗和穿衣服。每当看到星星在掌握了新的知识或技能时露出的微笑，我很开心。小组活动帮助我继续他的计划，也鼓励了其他的家长。

我永远不会忘记第一次去康复中心的经历。因为我期待能得到一些可以使我的孩子说话的药物，所以，当康复师告诉我没有那样的药物时，我感到非常地失望。然而，他们邀请我参加了康复中心的一个小组会议。他们教我怎样和小梅一起做可以专门帮助她学习说话的游戏。我认为我应该试试这个建议，所以我向家人解释我所学到的，我们决定尝试帮助小梅。慢慢地，我们看到了一些进步，所以我持续不断地回到康复中心，向小组寻求更多的建议。

照顾莎莎不是件容易的事。虽然我辛苦照顾了她很多年，但是我对她的爱却越来越强烈。现在的情况是，诊所的工作人员把那些对自己的残疾孩子感到抬不起头，或不知如何照顾他们的妈妈们送到我这儿来寻求建议和支持。我相信妈妈们可以相互支持是件非常重要的事，因为一个妈妈通常会感觉自己非常孤独。我知道一些妈妈会很容易放弃，并对他们的孩子失去耐心。所以当一个妈妈来找我的时候，我会安慰她并告诉她说“你的问题也是我的问题”。

由康复师组织的家长小组对我们的帮助很大。我认为不应该把残疾孩子送进社会机构里去，应该帮助孩子的家庭在家照顾和关爱他们的孩子。对于残疾的孩子，家长应该表现出更多的爱。另外，因为孩子的改变可能会很慢，所以家长也应该要有耐心。他们应该不断地和孩子交谈，这样，孩子才能熟悉他们的声音。总之，残疾孩子的家长们应该互相分享方法，并且永远都不要失去希望。

那些有着相似苦难的家庭，可以联合起来组成互助小组，共同面对困难，这对孩子的成长极其有益。

一、与家庭互助小组相关的一些问题

1. 家庭互助小组是什么意思

嗯，与其跟一个孩子和他的家长单独坐在一起，不如邀请一组有残疾孩子的家长，找个时间聚集在一个地方。通过和家长一起工作并分享方法，在小组活动里就可以个别帮助到每个孩子。

2. 家庭互助小组的好处是什么

从孩子的角度来看，在更自然的情况下，与成人及其他孩子互动是比较好的。从家长的角度来看，知道自己不是唯一有残疾孩子的人，这一点是很重要的。另外，家庭互助小组也能提供家长互相支持、彼此学习和分享经验

的机会。

能提供一个放松和自然的场所，使孩子们可以更自由地彼此互动。

增加孩子各种各样的沟通机会。

可以在小组的环境里个别观察孩子。

鼓励家长在帮助孩子时扮演更积极的角色。

为家长提供相聚并彼此支持的机会。

可以邀请其他能帮助孩子的人参加小组，例如学前班老师、特殊教育老师、相关的民间组织、其他康复工作者，等等。

图 9－1　家庭互助小组的功能

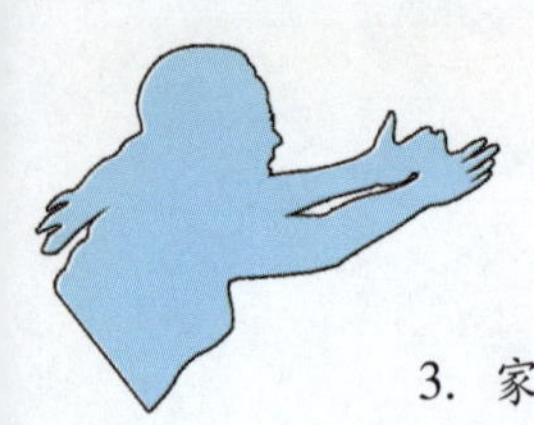

3. 家庭互助小组包括哪些人

家长和他们的残疾孩子——他们是最重要的人，还有策划小组活动的人及邀请来协助这个活动的人。

4. 在哪里举办小组活动

在社区的一个中心地带是比较理想的，这样，大多数的家长比较容易参与。同样重要的是，那个地方要有足够的水、为小组做饭的设施和休息的地方。

5. 如何组织和举行家庭互助小组活动

在举行家庭互助小组活动之前，需要考虑许多的事。本节内容就是要具体教你如何举行家庭互助小组活动。

二、如何举办家庭互助小组的活动

1. 明确举办家庭互助小组活动的目标

家庭互助小组活动的目标是为了：

- 使残疾孩子的家长聚在一起分享方法和经验，并互相支持；
- 让残疾孩子聚集在轻松自然的环境里，可以让他们自由地游戏和互动并加以观察；
- 提供机会帮助家长了解他们的孩子的残疾情况，教他们如何在家里帮助孩子；
- 提供在日常生活活动，如洗澡、穿衣服和吃饭时观察和帮助孩子的机会；
- 为了帮助家长，聚集其他与孩子发展相关的人，例如教育和营养方面的顾问和成年的残疾人，等等。

2. 准备活动前要预先考虑的一些问题

组织家庭互助小组活动，需要考虑的因素很多。作为康复师或家长之一，

你要得到多方的支持才行。例如如下问题：

（1）我的同事支持我吗？他们赞成举办小组活动的想法吗？他们当中有人可以协助小组活动吗？

（2）我可以获得举行活动的资金吗？我有没有预算以下的费用：

- 食物和饮料；
- 住宿；
- 交通；
- 工作人员；
- 燃料；
- 材料。

（3）哪种孩子可以参加小组活动？所有有相同残疾的孩子（如听力损伤），还是可以让有不同残疾的孩子混合在一起？举行这次小组活动的目的是什么？

（4）我应该多长时间举行一次？家长有足够的交通费吗？每周一次？每月一次？每三个月一次？

（5）我可以找到什么样的地方，那里有足够的空间，并且有可以过夜的房间 吗？

（6）谁可以来帮助我？如果是大型的团体活动，我能找到足够的工作人员吗？

（7）举行每个小组活动需要多长的时间？半天？一天？还是 3 天？

（8）我可以邀请多少孩子？我有多少食物和房间？

（9）小组活动长远的计划是什么？

（10）无论是对我还是家长，一年中的哪些时间举行小组活动会比较好？例如寒暑假？公共假期？月末？雨季？旱季？

以上几点是你需要考虑的，我希望它能帮助你决定举行什么样的家长小组，以及如何组织。

请等一等！你谈到的家长和孩子组织的小组活动听起来很好，但做起来似乎会很困难。

嗯，是的，是需要做一些组织工作，但是请相信我，举行小组活动所带

来的益处是值得我们付出努力的。

3. 举办家庭互助小组活动前的一些切实可行的措施

（1）在你计划举行家长和孩子小组活动时，确保通知所有相关人员，特别是家长；

（2）和他们讨论你想要举行小组活动的日期；

（3）安排食物、午餐、茶点等。有必要的话，组织和写下需求；

（4）为家长、孩子和参观的工作人员安排住宿；

（5）安排必要的交通工具；

（6）计划一个时间表，把它写下来并存档；

（7）6 周之前，以书面的方式邀请所有的来访演讲者（一周之前，用电话与他们确认）；

（8）如果需要工作人员，应做好必要的安排；

（9）在活动前 2 ～ 3 周写信给家长，提醒他们来参加小组活动；

（10）准备好所有的材料，例如用来制作玩具和教学的材料，等等；

（11）为小组活动制作一份时间表的海报；

（12）制作一份小组活动目标的海报；

（13）确保活动期间的工作能顺利进行，例如有足够的食物和被子，等等；

（14）从家长那里了解他们在下次的小组活动中想看到什么；

（15）通知下次小组活动的日期，注意在所有家长的卡片上写下日期；

（16）写信给来访的演讲者，感谢他们所做的贡献；

（17）给每个家长写一个他们孩子目标计划的总结；

（18）思考这次小组活动进行得如何，考虑任何下次可以改进的方面；

（19）写一份小组活动的报告，并把它送给相关人员；

（20）开始考虑和着手准备下一次的小组活动。

4. 举办家庭互助小组活动的活动要领

表 8－1　举办家庭互助小组活动的要领

■ 做好准备！确定自己知道要教什么内容，为什么要教这个内容。把所有需要的材料都准备好放在身边。	■ 教学的地方要舒适。布置好椅子或垫子的位置，使他们每个人都能看到你。注意，要让每个人都感觉到自己是小组的一部分。
■ 在你开始教学之前，先清楚地向小组做介绍，告诉他们你要谈论什么及为什么要谈论这些内容。	■ 把你的语言调整到家长能接受的水准，使用他们能理解的话。如果你使用专业词汇，就需要进行解释。
■ 尊重小组成员，平等地和他们交谈。	■ 表现出你的活跃和热情来，这样家长可以看到你很高兴与他们讨论。
■ 不要着急！慢慢地，清楚地进行解释，这样小组成员才可以理解。不要太仓促！	■ 鼓励家长积极地参与。问他们问题，鼓励他们做角色扮演的游戏等。
■ 朝你希望的方向慢慢地引导讨论。在说话时仔细地使用措辞，这样你就可以帮助小组成员找到他们自己的答案。	■ 表现出你很重视家长所做的每个贡献，即使它看起来或许很小或不合适。小组成员对自己能够做出贡献要有信心。
■ 给每个家长回答或参与的机会。记住，那些沉默安静的人与那些坦率直言的人可以提供同样多的帮助。设法鼓励每个人参与！	■ 在教学会议结尾时，要为小组成员留出时间就你所谈的内容向你提问。
■ 在结束这个教学会议之前，和小组一起重温你需要他们记住的重点。	■ 确保小组成员能够容易地理解小组活动期间使用的任何资料或手册。

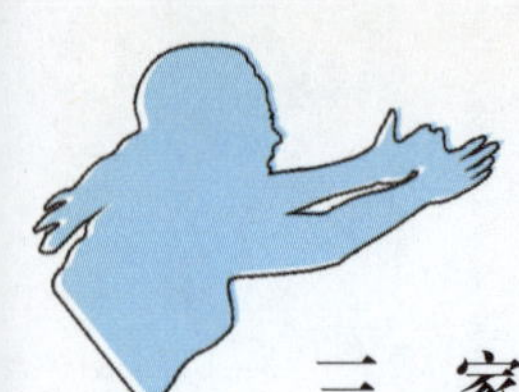

三、家庭互助小组活动案例

接下来，我们准备要介绍两种不同类型的小组活动，它们被认为是能有效地帮助沟通困难的孩子及他们的家长的。我们的目的是要让你感受举行小组活动的方法——你需要根据自己的情况来调整这个方法，并加上你自己的想法！

1. 每周举行一次、每3个月进行一次回顾总结的家庭互助小组活动

这是一个连续6周，一周举行一天的小组活动，跟进是每3个月一天的回顾。

基本情况：为各类有沟通困难的孩子举行。

- 最多可以有10个孩子参加。
- 在参加小组之前，每个孩子必须有一份完整的评估表和目标计划。
- 每周的时间表都要保持相同：

上午：8：00～8：30——家长和孩子到达

8：30～10：00——个人回顾

10：00～10：30——茶点

10：30～12：30——家长教学会议

下午：12：30～1：30——午餐

1：30～3：30——继续个人回顾

3：30——家长和孩子离开

3：30～5：30——工作人员写孩子记录，并进行教学评估

家长参与的教学会议，每周都包括一个沟通方面的不同困难：

表 9－2　家庭互助小组的日程按排

第一周

- 略述小组活动目标和6周的计划。开场歌曲。
- 一个曾经参加小组活动的家长和第一次来的家长分享经验。
- 详细解释造成孩子沟通问题的原因。
- 参考第1章第3节关于“孩子沟通困难的原因”

第二周

- 详细地解释并讨论沟通所需要的所有技能。
- 参考“沟通房子”示意图。

第三周

- 制作低成本的玩具，讨论游戏的重要性。
- 参考第7章第3节有关玩具的讨论。

第四周

- 在日常生活情景中教语言，实践洗澡和穿衣服。
- 参考第8章“日常生活情景”。

第五周

- 和一个孩子说话时“能做的和不能做的”。
- 参考第8章第1节“日常生活中学习沟通的重要原则”（把身体处于和孩子同一水准位置；和孩子说话之前，先得到他的注意力；使用简单的和清晰的语言；在日常活动中和孩子说话；在孩子尝试时要表扬他，而不是批评他；在他尝试与你沟通时，你对他做出回应）。

第六周：

- 重温前5周的学习，并进行测验。
- 和家长重温个别的目标计划。
- 由过去参加过小组活动的一个家长分享经验。
- 家长评价本次小组活动。
- 通知每个孩子在3个月期间回顾的日期。

2. 每3个月举行一次，每次3天的小组活动

- 这是一个连续3天举行的小组活动，例如星期三、星期四和星期五，每3个月一次。
- 为有相同残疾类型的孩子举行。
- 最多可以有15个孩子参加。
- 在参加小组活动之前，每个孩子必须有一份完整的评估表和目标计划。
- 至少在小组活动开始前6周制订3天活动的时间表，要留出时间来做必要的准备。

以下是一个3天小组活动的一般流程计划：

表9－3　3天期家庭互助小组流程按排

<table>
<tr><th>星期三</th><th>星期四</th><th>星期五</th></tr>
<tr><td>介绍和欢迎</td><td>实践日常生活情景</td><td>实践日常生活情景</td></tr>
<tr><td>活动简介</td><td>制作玩具
个人回顾</td><td>个人回顾</td></tr>
<tr><td colspan="3">茶点</td></tr>
<tr><td>小组的目标</td><td>个人回顾</td><td rowspan="2">教学会议</td></tr>
<tr><td>教学会议</td><td>来访演讲者</td></tr>
<tr><td colspan="3">午餐</td></tr>
<tr><td rowspan="2">来访演讲者，例如特殊教育学校老师、学前班老师、家长和成年的残疾人</td><td rowspan="2">教学会议</td><td>家长评价</td></tr>
<tr><td>下次小组活动的日期</td></tr>
</table>

3. 为多重残疾孩子举行的 3 天小组活动的流程计划建议

表 9－4 3 天期小组活动流程计划建议

星期三	星期四	星期五
介绍和欢迎 活动简介——制作一个 3 天计划的海报，和家长一起来看。简介每个教学部分的内容。	实践洗澡和穿衣服。 邀请家长制作低成本玩具。 与每个家长和孩子单独谈话，让他们做个人回顾。	实践洗澡和穿衣服，特别是与前一天教学有关的部分。 继续个人的回顾。
茶点		
小组的目标——为你的目标写一个海报，并向小组成员解释	继续个人的回顾	家长分享经验及如何照顾他们残疾孩子的方法
清楚地解释造成多重残疾的原因，回答家长的问题	邀请一个来自社会福利部门的代表向家长介绍可利用的资源。	小组回顾每个孩子的目标计划——家长向小组回馈他们孩子的目标计划。
午餐		
邀请一个有多重残疾孩子的家长（你认识的），他的孩子已有了良好的进步。鼓励家长们分享经验和办法。	讨论如何在日常生活情景中建立孩子的基本沟通技能。使用角色扮演的游戏，鼓励家长积极地参与	询问家长认为本次活动流程中哪些部分是有帮助的，哪些部分是没有帮助的，在以后的小组活动中他们想看到什么内容。 通知家长下次小组活动的日期。

四、小组活动报告的撰写

在每次小组活动之后写一份报告是很重要的。报告应该包括你的费用清单及活动记录。以下是报告一般应该包括的内容。

- 小组活动的名称和日期；
- 活动地点；
- 费用；
- 住宿安排；

- 伙食安排；
- 出席的工作人员；
- 来访的工作人员；
- 孩子的总数；
- 小组活动目标；
- 流程计划安排；
- 参加孩子的登记；
- 家长的评价；
- 工作人员的评价；
- 出现的问题；
- 对下次小组活动的建议；
- 报告的日期未签名。

五、关于家长参与小组活动时需要记住的要点

- 让家长和孩子参加小组活动是帮助残疾孩子的一种有效方法；
- 我们需要和家长合作，并鼓励他们积极地帮助他们的孩子，因为他们是孩子最重要的人；
- 举行小组活动需要思考和组织；
- 让家长参与小组活动有许多的好处，个人的工作和经验可以被汇总和共享；
- 通常，家长自己是给其他家长提供支持的最适合的人，小组活动能为此提供理想的机会；
- 为家长组织小组活动有不同的方法；
- 可以为有不同残疾类型的孩子或有相同残疾类型的孩子举行小组活动；
- 为了计划将来的小组活动，我们需要做好每次活动的记录、后续的计划和孩子的跟进——应该使用家长的评价来帮助计划将来的小组活动；
- 我们必须设法理解残疾孩子家庭可能面对的困难，对那些在帮助他们的孩子上感到很吃力的家长，不要给予批评或失去耐心。
- 使用当地资源帮助你为家长举行小组活动。

结 语

一、多重残疾儿童家长的心声

家里有个多重残疾的儿童，这对家长来说，确实是个负担。下面是小东妈妈的心里话。

小东是我的第一个孩子，他现在有10岁了。我们和我的小儿子一起住在一间小房子里。我的丈夫有时和我们住在一起，有时没有。

我过去在一所小学当老师，但在有了小东之后，为了能全身心地照顾他，我不得不辞去工作。因为小东自己不能做一点儿事，所以需要我给他洗澡，喂他吃饭，给他穿衣服并照顾他大小便。他的视力和听力都不好，又不能自己玩，所以我需要花时间陪他，和他说话并激发他。我过去认为我所做的是在浪费时间，但是现在我知道我没有——我已经看到小东在某些方面有了改变——我知道他喜欢什么，不喜欢什么；我知道什么会让他高兴；什么会使他难过；另外，我也知道他什么时候想要什么东西。所以，我和他在一起花的那些时间都是值得的。我真的觉得我应该尽一切努力去帮助他。

有一个像小东这样的孩子，我当然会面对一些困难。对我来说，找到房子就是一个问题，因为房东和邻居都不明白小东的残疾，他们经常把我们赶走。我们也必须努力挣足够的钱——因为我的丈夫不是经常和我们在一起，所以，除非我们以某种方法赚钱，否则就没有饭吃。还有，小东也经常生病，这是让我很担心的。所以，我们是面对着很多的问题，但我不想说得太多了。相反的，让我们想想照顾一个像小东这样的孩子有些什么乐趣。

自从照顾小东以来，我真的觉得我比以前坚强了——我必须要接受孩子的情况，我学会了爱他就像爱我另外一个孩子一样。我必须学习怎样照顾和帮助小东，并且对他有耐心。虽然他的改变很小，进步也很缓慢，但这对于我来说却意味着许多。与其他有像小东这样的孩子的家长见面，对我有很大的帮助——我们互相支持，互相帮助。团结起来我们就变得很坚强，并且可以帮助我们的孩子。

二、关于多重残疾需要记住的重点

- 多重残疾的孩子有许多不同的残疾，并且可能有严重的学习困难。

- 那些又聋又盲的孩子，因为他们的残疾情况，他们可能有学习的困难，但却没有智力或身体的障碍。
- 我们帮助多重残疾孩子的方法及给他们的目标计划，与给其他孩子的是不同的。
- 多重残疾的孩子可能有许多方面的需要——沟通只是他们需要帮助的其中一个方面。
- 许多多重残疾的孩子可能永远也达不到理解或说话的水平。
- 无论一个孩子的困难有多严重，他们都可以学习用一些方法来进行沟通。
- 要评估多重残疾孩子的沟通技能，我们需要仔细观察他如何对不同的刺激做出反应。
- 照顾孩子的人应该仔细观察孩子发送信息可能使用的方法，并对其做出合适的反应。有时，孩子发出的信息可能会很微妙、不易察觉。
- 每个孩子都是不同的，他们都用自己独特的方法对事物做出反应。
- 在我们帮助多重残疾的孩子时，我们必须把目标制订成一些小的步骤，并要明白孩子的进步可能是缓慢的。
- 照顾多重残疾的孩子可能会给家庭带来很大的压力，在他们努力帮助孩子时，我们对他们的支持是多么的重要。

编后记

“0～6岁残疾儿童沟通能力康复训练手册”5本终于编完了，这里补充一点有关内容。

1. 本书编写出版的缘起

1997年，正在世界卫生组织（World Health Organization，WHO）的康复中心（Rehabilitation Unit）叫其下属的世界聋人协会（World Federation for the Deaf）以及国际听力困难者协会（International Federation of the Hard of Hearing）组织人讨论如何帮助听力损伤人士沟通能力康复的问题时，津巴布韦的两位语言治疗师Jenny Morris和Helen House把她们编写的《让我们沟通》（*Let's Communicate—A Handbook for People Working with Children with Communication Difficulties*）一书的手稿通过津巴布韦卫生部寄了过来。世界卫生组织安排专家（Ms M. Lundman，Ms J. Warner，Ms J. Marshall，Ms Liise Kauppine，Dr. Mark Ross等）对书稿进行审阅，要求内容达到国际水准。然后，在瑞典国际发展合作组织的支持下，该书由世界卫生组织及联合国儿童基金共同制作并派发各地。

2007年，在香港上海汇丰银行有限公司的赞助下，香港复康会把本书翻译成中文并制派送给有关机构，译者是刘雪飞和洪艳秋，前者是来自中国红十字会房山儿童康复中心的专家。书稿译出后，请王润芬和梁秀贞审阅，并请阿高、陈子慧、游伟仲把原书中的以津巴布韦人为对象的插图改画成如今书中的形象式样。

2013年春，我的同事、中山大学出版社副编审葛洪在香港见到了这套书，产生了把这套书介绍给内地读者的想法。我完全赞同这一善举，于是立即着手在原译作基础上开始编制体例与目录的工作。按照葛洪和我的设想，原来包含12本小册子的一套书被改编为5本分别针对5种残疾儿童的家长及专业康复师读物。

2014年2月，国家出版基金规划管理办公室正式批准该套书的立项（项目编号2014R2－012）。该项目由葛洪和我负责。葛洪负责处理该书的版权、

合作问题，我则负责按原先的设想，在原稿的基础上编写出这一套包含5本的图书。

2. 改编的思路

原书《让我们沟通》是一套写给社区康复人员阅读的指导书，用以指导康复人员如何帮助残疾儿童及其家长做好残疾儿童沟通能力康复工作。

原书分12个分册。1～3分册分别阐述沟通基本原理、评估沟通能力的方法以及如何制定康复目标。第4～8分册详细解释5类常见残疾患者沟通困难的成因、该如何为残疾儿童制定康复目标，以及如何实现这些目标。第9～11分册讨论如何在游戏、日常生活以及由不同残疾儿童家庭组成的互助小组中帮助残疾儿童发展沟通能力。最后第12分册讨论残疾儿童上幼儿园和小学的问题。

原书的结构是合理的，遵循的是“理论—问题—解决方案”的逻辑序列。但是，原书的目标读者是社区康复人员，他们可以把这样一套书用作案头工具。这样的编排，对于单个残疾儿童的家长来说，使用起来并不方便。

所以，我们在改写这套书时，就分5个专题，改编成5本书。编写的逻辑是：

某种残疾的含义—这种残疾产生的原因—沟通基本原理—这种残疾在沟通中产生的困难何在—评估儿童的沟通困难—根据儿童的具体情况为他制定康复目标—帮助孩子康复的各种活动—游戏与玩具—日常生活情景中的康复工作—残疾儿童家庭互助小组活动设计—残疾儿童接受教育的问题。

我们相信，这样的编排能更好地帮助家长为自己的孩子做出康复方面的安排。当然，在编写的实际过程中，考虑到每本书讨论的具体残疾不同，孩子所需要的帮助也不一样，因此，5本书各自的编排体例并没有完全按照上述结构，5种书包含的章节和篇幅并不是完全相同的。

3. 本土化问题

本套书原本是由津巴布韦的专家写的，而且距今有14年了。因此，书中的内容如果要符合当今中国读者的需要，就存在一个“本土化”与“当代化”的过程。

在改编的过程中，我们注意到，香港复康会7年前的译本就已经把原书中的图画“本土化”了。现在我们需要更进一步本土化的地方也还有一些。比如说，书中针对“听力损伤儿童”沟通能力的康复活动，提到了“手语”学习。原书使用的是津巴布韦手语，这就有必要改为《中国手语》中提到的手语了。

其次，书中提到“言语特殊困难”时，重点讲到的一种困难是“声音排序困难”，是指孩子能够正确发声，却不能按照正确的次序把声音组合成单词。对于汉语这种单音节语言，是否存在这样的言语困难，我不是很清楚。而我国的“言语残疾”标准提到的言语残疾，本书却没有专门论述。这是本套丛书还需要进一步完善的地方。

不过，就目前而言，我们已经就力所能及的范围内对原书稿做了“当代化”和“本土化”的工作，不足之处，则有待进一步完善。

4. 让我们都多一些关爱

做这样一套书，其意义自不用说。

这里，我想再次真诚地呼吁：让全社会都对残疾人士给予更多的关爱。

熊锡源

2014 年 10 月 7 日

附录：香港复康会简介

香港复康会
The Hong Kong Society for Rehabilitation

香港复康会于1959年成立，是香港特别行政区政府认可之非政府注册慈善团体。本会会徽以火凤凰“浴火重生”为精神，展示残疾人士能从残疾中重建新生；也表达本会的精神：朝气蓬勃、有远见、有承担。

香港复康会具有55年的服务经验，为残疾人士、慢性病患者及长者提供各类适切及优质的服务，包括无障碍交通及旅游、复康和持续照顾服务。从自助迈向互助，共建关爱社群；并倡议健全人士能够接纳他们，缔造一个伤健共融、关怀平等的社会。

抱负：

锐意成为无障碍交通、持续照顾及全人复康的卓越机构

使命：

透过为残疾人士及长者提供复康服务，倡议共融社会

价值观：

“尊重人”——信任、尊严、尊重、平等参与及沟通

“专业精神”——同理心、优质服务、持续发展、勇于承担及力臻至善

“诚信”——自主、自强及参加公共政策

“共融”——尊重多元化、以权责为本

本会现时提供的服务分为四大范畴：

1. 无障碍交通及旅游部

为行动困难的残疾人士提供无障碍交通服务，协助他们往返工作、学习、培训、医疗或社交地点。

2. 复康部

为长期病患者及其家属或照顾者，提供社会及心理的支持服务。并且率先在香港推动自我管理计划，增强病人及其家属的自我管理能力，并为非政府组织提供专业培训。同时，亦协助成立病人自助组织，并提供专业支持服务。

3. 持续照顾部

营运三所护老机构，其中两所在香港，另一所位于深圳盐田区，是集合安老养老和康复医疗一体的“香港赛马会深圳复康会颐康院，为愿意选择跨境养老的香港长者和追求优质安老生活的内地长者而设。

4. 国际及中国部

本会于1986年起被世界卫生组织委任为复康协作中心，我们的使命是培训内地的复康人材，推动社区为本复康。

我们的理念是专注本土能力建设、着重可持续发展、推动跨专业团队工作及朝向包融性社区发展

过去二十多年，我们已培训超过30 000名复康工作人员，并已建立了一个拥有热诚康复工作者的网络，他们遍布中国内地23个省，5个民族自治区及4个直辖市，他们来自全国过千所医院、福利机构、康复中心及社区康复站。2008年汶川地震后，我们亦积极参与灾后复康工作，成立了复康资中心，透过跨专业的复康团队，持续为受伤灾民及当地残疾人士提供复康服务，并且引入社区复康服务模式。

与我们合作的单位有政府部门、残疾人联合会及非政府机构等，当中包括中华人民共和国民政部、中华人民共和国卫生部、中国残疾人联合会及各省市的残疾人联合会、武汉同济医院、中国康复医学会、安徽医科大学及第一附属医院、四川大学华西医院及各地省市的儿童福利院。

香港复康会联系方法

电话：（852）3143 2800

传真：（852）2855 1947

地址：香港九龙蓝田复康径7号综合中心一楼

电邮：hksr @ rehabsociety. org. hk

网址：www. rehabsociety. org. hk.